新潮文庫

音楽は自由にする

坂本龍一著

新潮社版

11761

目次

はじめに 9

1 1952-1969

1 ウサちゃんのうた 15
2 鏡の中の自分、楽譜の中の世界 25
3 ビートルズ 37
4 自分はけっこう、音楽が好きなんだ 49
5 特別な時間のはじまり 61
6 バラ色の人生 71
7 67、68、69 81
8 2つの流れの交わるところ 95

2 1970-1977

9 日比谷野音のこと、武満さんのこと 107

10 民族音楽、電子音楽、そして結婚 117
11 舞台に上がり、旅に出る 127
12 同じ言葉を持つ人たち 139
13 カウントダウン 149

3 1978-1985

14 YMO、はじまる 161
15 YMO、世界へ 169
16 反・YMO 181
17 旅立ちの時 191
18 音楽図鑑 201

4　1986-2000
19　北京へ　217
20　今すぐ、音楽を作れ　225
21　突然の贈り物　237
22　ニューヨークへ　251
23　ハートビート　261
24　世紀の終わり　271
5　2001-
25　世界が変わった日　281
26　新しい時代の仕事　295
27　ありのままの音楽　307
あとがき　321
年譜　324

音楽は自由にする

聞き手　鈴木正文

はじめに

ちょっとしたはずみで、こうして自分の人生を振り返ってみることになりました[＊1]。本音を言えば、あまり気が進みません。記憶の断片を整理してひとつのストーリーにまとめる、というようなことは、本当は性に合わない。

でも、ぼくがどんなふうに今の坂本龍一《りゅういち》に辿《たど》りついたのかということには、ぼくも興味があります。なんといっても、かけがえのない自分のことですから。自分がなぜこういう生を送っているのか、知りたいと思う。

現在ぼくは、音楽を職業としています。でも、どうしてそうなったのか、自分でもよくわからない。音楽家になろうと思ってなったわけではないし、そもそも、ぼくは子どものころから、何かになるとか、何かになろうとするとか、そういうことをとても不思議に感じていました。

小学校で「将来何になりたいですか。みなさん書いてください」と言われたことが

1955年

あります。ぼくは、何を書いたらいいのかまったくわからなかった。まわりの子たちは、「総理大臣」とか「お医者さん」とか、女の子なら「スチュワーデス」「お嫁さん」とか、そういうことを書いている。よく考えたのだけれど、ぼくは「ない」と書きました。自分が何かになるということが想像できなかったし、職業に就くということも、なんだか不思議なことに思えた。そういう感覚は、今でも残っているかもしれない。

ニヒリスティックに「俺は何にもなりたくないんだ」と思っていたわけではないんです。たとえば昆虫なら、卵から幼虫になり、やがてさなぎになって、成虫になりますよね。時が経《た》てば変化する。でも、自分がそんなふうに変化していくというのが、ぼくにはどうもうまく想像できなかった。だから、10年後、20年後にはこうなっているはずだ、こうなっていよう、というような考え方もできなかった。

つまり、時間の感覚が欠落していたということなのかな、と今にしてみれば思います。時間の経過についてうまく語ることができない、将来の自分が思い浮かばない。

現在のぼくが感じている「なぜこんな生を送っているんだろう」という疑問も、その続きなのかもしれない。

　音楽というのは「時間芸術」だといわれています。リニアな時間の中で、何か変化を起こしていくという創作活動、であるらしい。そういう意味では、ぼくはそもそも音楽を作るのが得意じゃないのかも知れない。でも、そういうのは学習すれば習得できることです。人為的・作為的なものは、ルールを学べばできるようになる。

　ルールを覚えて、そのルールどおりにものごとを並べる。たぶん一般的に、成長するというのは、それができるようになることなんだろうと思います。でもぼくの場合、それに対する齟齬《そご》が、いつもいつもあった。学習すればやれるようにはなるけれど、何かちょっと生理的に、そういうことがぼくには合わないようです。

　はじめの話に戻りますが、過去から現在までの自分について、整理して話してみる、というようなことには、ですから本当はちょっと違和感がある。でも、今回はあえてやってみることにします。これまでの時間を俯瞰《ふかん》して、過去から現在までの記憶とできごとを、順番に並べてつなげてみる。そうすることで初めて、現在のぼくについても見えてくるものがあると思うし、そういう語り方によって初めて、何かをほかの人と共有することができるかもしれない。そう思って。

＊1　坂本龍一が自らの人生を振り返る、という企画は、月刊誌『エンジン』編集部が提案したもの。鈴木正文編集長（当時）によるインタヴューが27回の連載（2007年1月号〜09年3月号）にまとめられた。

1

1952-1969

1　ウサちゃんのうた
——幼稚園のころ

ピアノとの出合い

ぼくは、世田谷にある「自由学園」系の幼稚園［*1］に通っていました。この幼稚園で初めて、ピアノを弾いたんです。

当時は白金に住んでいて、バスと電車を乗り継いで、ひとりで幼稚園まで通っていました。幼稚園児が都心を横切ってひとりで通園するなんて、きっと今ではかなり珍しいことですよね。でも当時は普通のことだったと思います。そういう時代でした。渋谷で乗り換えるときに、映画館に行ったりしていた。最近までプラネタリウムのあった東急文化会館［*2］、あそこの地下で10円のニュース映画が観《み》られたんです。幼稚園の帰りに、友だちを誘って観に行ったら見つかっちゃって、大問題になった。「坂本くんという悪いことをした子がいますが、みなさんはそういうことをしないように」とか言われていたようで、幼稚園では悪い子の代表になってしまいました。

それはともかく、幼稚園でピアノの時間というのがあったんです。毎週のように。みんな順番に、ピアノを弾かなくてはいけない。ぼくが初めてピアノに触れたのはそのときです。3歳か4歳でした。楽しいという感じはぜんぜんしなかったし、どんな曲を弾いたのかも覚えていない。

ピアノを弾いたこと以上に、幼稚園のことで強烈に覚えていることがあります。5歳ぐらいのころだったと思いますが、園舎の窓ガラスに、水彩で絵を描きなさいと言われたんです。

透き通ったきれいなガラス窓に色を塗るというのは、それを割るのに等しいぐらいのことに思えました。「そんなことしていいの？」と思うけれど、先生たちがやれと言っている。心配でおろおろする一方で、描いてみると、日の光が当たって、すごくきれいでもある。タブーを破ることへの不安と、それをやってみることの快感の両方があった。

ガラスに絵を描くこと自体への後ろめたさと同時に、自分たちが描いてしまったら、あとから入ってくる園児たちはどうするんだろう、もう描くスペースがなくなってしまうんじゃないか、と、次の世代のことがすごく心配になったことも記憶に残っています。

この幼稚園を選んだのは、母でした。父［＊3］は九州男の編集者で、ほとんど家にいませんでした。母方も九州・長崎なんですが、母自身は東京生まれで、父親の関係であちこち転々としたそうです。まあ、リベラルな人で、普通の公立の幼稚園ではなく、こういう幼稚園に息子を入れたがるような「進歩的」な女性だったんですね。

とにかくぼくは、母の選んだその幼稚園に入って、たまたまピアノを弾くことになった。もしよその幼稚園に行っていたら、その先はだいぶ違っていたのかもしれません。あるいは音楽をやっていなかったかもしれない。

当時ぼくは、とくにピアノが好きだったわけではないし、特別うまくもなかった。家にピアノはありませんでした。

母は長女で弟が3人いるんですが、いちばん下の弟、ぼくの叔父ですが、彼がかなりの音楽好きで、たくさんレコードを集めていた。ピアノも持っていて、けっこう弾けた。その叔父さんの部屋には、しょっちゅう遊びに行きました。いろんなレコードをひっぱり出して聴いたり、ピアノを叩《たた》いてみたりした。

幼稚園で毎週のようにピアノを弾かされた経験と、叔父さんの影響、ぼくの最初の音楽体験と言えるものは、だいたいそういうものでした。

1955年10月　３歳

ウサちゃんのうた

幼稚園のときの体験でもう一つ、とても印象に残っているのは、夏休みにウサギの世話をさせられたことです。この週はナントカさんの家、次の週は坂本さんの家、というふうに割り当てがあって、ウサギが回ってくる。家に生き物がやってくるというのは、子どもにとっては一大事です。毎日、一生懸命、菜っ葉をやったりしたのを覚えています。

そして9月、新学期になって幼稚園に行ったら「動物の世話をしてみてどうでしたか。そのときの気持ちを、歌にしてください」と先生に言われました。曲を作れというんです。

歌詞もメロディーも、自分で作らなければいけない。まず詞を書きます。ウサちゃんの目は赤い、とか、すごく普通のことを書いて、それにメロディーをつけました。たぶん、母親に手伝ってもらって、楽譜を書いて幼稚園に提出したのだと思います。歌って録音したものがソノシートになっていたはずなんですが、今では見あたりません。初めての作曲。4、5歳のときです。

これは、強烈な体験でした。ウサギを飼ったこと自体も強く印象に残っているけれ

1956年

ど、それを歌にしたことは、もっと強烈だった。なんだか、変なことをさせられちゃった、という感覚がありました。

くすぐったいようなうれしさ。他の誰のものとも違う、自分だけのものを得たという感覚。そんなものを感じたように思います。

それと同時に、違和感もありました。ウサギという物体と、ぼくがつけた曲は、本来なんの関係もないのに、結びついてしまった。まさにそのウサギがいなければ、その音楽は生まれなかったわけですが、でも実際に手を嚙《か》まれたり、ウンコの世話をしたり、そういうふうにぼくが触れたウサギとはまったく違うものが生まれている。

もちろん、当時のぼくはそんなふうに客観的に考えることはできなかったけれど、そこには、たしかに齟齬《そご》なり違和感なりがありました。幼稚園児なりに、そういうものを感じていた。それは、けっこう根本的なことだと思うんです。

音楽の限界、音楽の力

たとえば、今（２００６年）レバノンで戦争をしていますが［＊4］、戦争で肉親が死んだとします。あるレバノン人の青年が、イスラエルの空爆で愛する妹を失ってしまう。そしてその青年が、悲痛な思いを、音楽にする。でもそれは、彼が音楽にしている時点で、どうしても音楽の世界のことになってしまって、妹の死そのものからは遠ざかっていく。

きっと文章でもそうでしょう。何かを文章にする時点で、文章としての良さ、文章としての美しさ、文章としての力、そういう、文章の世界に入っていかざるを得ない。音楽もそれと同じで、妹の死に本当に悲痛な思いを持っているにもかかわらず、音楽を作っている限りにおいては、音楽という世界の問題に入っていってしまう。それは、現実の妹の死というものとは全然違うレベルのことで、そこには乗り越えられない距離がある。

ただその一方で、ある青年の妹の死というのは、その青年の記憶がなくなってしまえば歴史の闇《やみ》に葬《ほうむ》られて消えてしまいかねないけれど、歌になることで、民族や世代の共有物として残っていく可能性があります。個的な体験から剝離《はくり》することで、音楽という世界の実存を得ることで、時間や場所の枠を超えて共有されていく、そういう力を持ちうる。

表現というのは結局、他者が理解できる形、他者と共有できるような形でないと成立しないものです。だからどうしても、抽象化というか、共同化というか、そういう過程が必要になる。すると、個的な体験、痛みや喜びは抜け落ちていかざるを得ない。そこには絶対的な限界があり、どうにもならない欠損感がある。でも、そういう限界と引き換えに、まったく別の国、別の世界の人が一緒に同じように理解できる何かへの通路ができる。言語も、音楽も、文化も、そういうものなんじゃないかと思います。

＊1　「自由学園」系の幼稚園　自由学園は、ジャーナリストでクリスチャンでもあった羽仁吉一・もと子夫妻によって1921年に設立されたユニークな学校法人。「思想しつつ　生活しつつ　祈りつつ」「生活即教育」を教育理念とし、幼稚園にあたる幼児生活団から、大学にあたる最高学部まで一貫教育を行う。創立時の校舎が、フランク・ロイド・ライトによって設計されたことも有名。坂本が通っていたのは、自由学園の理念をもとに卒業生らが各地に設立した「全国友の会幼児生活団」の一つで、世田谷区代田にある「東京友の会世田谷幼児生活団」。美術・音楽や動物の飼育を重視するカリキュラムで一貫したが、2022年3月に閉園した。

＊2　東急文化会館　1956年にオープンした東急運営の文化施設。映画館や飲食店のほか、57年には「天文博物館五島プラネタリウム」が設置されて注目を集めた。プラネタリウムは2001年3月に閉館、東急文化会館も03年6月に閉鎖された。

＊3　父　坂本龍一の父・坂本一亀は1921年生まれの文芸編集者。47年に河出書房に入社し、伊藤整、

平野謙、埴谷雄高、野間宏、梅崎春生、島尾敏雄、中村真一郎、三島由紀夫、丸谷才一、辻邦生、高橋和巳、山崎正和、小田実らの作品を世に送り出した。２００２年9月28日没。

＊4　レバノンの戦争　２００6年7月12日、レバノンのイスラム教シーア派民兵組織ヒズボラがイスラエル兵を殺害・拉致したことをきっかけに、イスラエルはレバノン空爆を開始。国際空港や南部の幹線道路などを破壊した。その後、イスラエルは地上軍を投入し、攻撃の範囲はレバノン全土に拡大。ヒズボラも執拗なゲリラ攻撃を行い、イスラエル軍に大きな打撃を与えた。この章のインタヴュー収録は8月11日に行われ、3日後の8月14日に停戦が発効、イスラエル軍は10月1日にレバノンからの撤退を完了した。

2　鏡の中の自分、楽譜の中の世界
——小学生のころ・1

ぼくが「幼児生活団」を卒業して小学校に入ったのは、1958年のことです。3学期になって、『少年マガジン』と『少年サンデー』が創刊された〔＊1〕のを覚えています。

生まれは中野なんですが、そのころは白金の祖父のところにいました。ちょうど世田谷の烏山《からすやま》に家を建てている最中で、その間、一家で母方の祖父のところに世話になっていた。白金の、銀杏《いちょう》並木があるあたりでした。

白いブレザー

入学したのは区立の小学校で、制服を着るきまりがあったわけではないと思うんですが、入学式の写真を見ると、なぜかみんな学生服を着ている。男の子は黒の詰襟。ところが、ぼくだけ白っぽいブレザーだったんです。たぶん、母が着せたんでしょう。

それがいやでいやで、鮮烈に記憶に残っている。「みにくいアヒルの子」じゃないですけど、ひとりだけ違うというのは、子どもにとっては辛《つら》いことですね。みんなと同じ格好をしたい。群集の中に紛れ込んで、アノニマスな状態になりたいという欲求がすごく強かった。みんなと違う格好をしたい、なんて思うようになるのは、10代の後半になってからだと思います。

1958年　小学１年生

そのころに、自我みたいなものが強力に芽生えたように思うんです。自分はどうしてこんなにひとと違うんだろう、と思って、じーっと鏡を見ていた。鏡の中の自分を見て、すごくショックを受けるんです。毎日学校から帰ってきて鏡を見ていた時期が、1年以上あったんじゃないかな。鏡像段階［＊2］だとしたらずいぶん遅い鏡像段階ですが、とにかく、自分って何だろう、と鏡を見てばかりいました。

自由学園系のちょっと変わった幼稚園を選んだのも母ですし、他の子とは違う服を着せて入学式へ行かせたのも母ですから、母の影響力は大きいですね。まあ、母親というのは人が最初に出会う他者ですから、当然のことだとは思いますが。あの幼稚園で過ごしたことも、みんなと違う格好で小学校に入学したことも、ぼくにとってとても大きな経験でした。

トム・ソーヤー

2年生になって家ができあがり、烏山に移りました。当時の烏山は東京都内といっても本当に田舎で、そのへんに蛙《かえる》がいて、青大将もいて、家の前は一面キャベツ畑で、庭には春になるとつくしんぼうが生えてきました。

小学校は家から少し離れた祖師ヶ谷大蔵というところにあって、越境入学してバスで通っていました。だから、近所にはほとんど友だちがいなかった。野球をしたりする友だちもいなくて、たいていひとりで遊んでいました。兄弟もいませんでしたので。庭に塹壕《ざんごう》みたいなものを掘って、1人2役で『大脱走』［*3］の真似《まね》をよくしていました。スティーヴ・マックイーンとそれを追いかけるドイツ兵の役を、両方やるんです。自分で追いかけて、自分で鉄条網にばーんとぶつかって。それを見た隣のおばさんに「龍ちゃん大丈夫？」と心配されたこともあった。いかだを作って近くの仙川を下ったこともあります。トム・ソーヤーみたいでしょう。元気な子どもでしたよ。

1960年代初頭、昭和30年代の東京のはずれというのはそんな感じの所でした。

編集者だった父とはめったに顔を合わせませんでしたし、帽子のデザイナーだった母も仕事で家にいないことが多かった。いわゆる「かぎっ子」ですね。3、4年生ぐらいになると、自分でごはんを炊《た》いたりもしました。コンロに火をつけて、吹きこぼれたら木のふたをずらして、炊けたごはんに、母が用意してくれたカレーをかけて食べる、とか、それぐらいのことは自分でしていました。

かなりのテレビっ子でもありました。小学校の低学年のころは、西部劇ブーム。「ララミー牧場」[＊4]とか、「ローハイド」[＊5]とか。その後は戦争ものに人気が移った。「コンバット！」[＊6]とか、「ギャラント・メン」[＊7]とか。テーマ音楽も体に染《し》みついていますね。ギャラント・メンのテーマは、マイナーで悲しいんですよ。イタリア戦線の話で、ちょっとフェリーニを思わせるような音楽。コンバットの音楽は、勇ましいマーチ。他には「パパ大好き」[＊8]とか、日本ものだと「快傑ハリマオ」[＊9]とか、「少年ジェット」[＊10]とか。テレビ番組のタイトルならいくらでも挙げられます。

祖父のこと

実は、テレビを買ったのは、祖父がＮＨＫの「のど自慢」に出ることになったからなんですよ。白金にいた母方の祖父が、小唄《こうた》をやっていたんです。実際に「のど自慢」に出たときのことはよく覚えていないんですが、ぼくは祖父にはかなり影響を受けています。

祖父は九州の出身で、小さいころには貧乏ですごく苦労した人です。小学校を出てすぐに働き始めましたが、とにかく勉強をしたくてしたくて、毎日働きながら、夜は本当に蛍の光と窓の雪で勉強していたんだそうです。やがて援助をしてくれる人がみつかって中学に入れることになり、五高［＊11］、京大と進学した。財界で活躍した人で、航空会社の会長まで務めました。五高、京大では後に首相になる池田勇人《はやと》［＊12］と同級で、意気投合して生涯の親友になり、彼の葬儀では祖父が友人代表として弔辞を読んだと聞いています。

烏山の家を建てている間は白金で一緒に暮らしていましたし、引っ越してからも毎週のように遊びに行っていましたので、祖父は身近な存在でした。母がぼくを連れて祖父の家に行くと、祖父はぼくの手をひいて有栖川宮《ありすがわのみや》記念公園［＊13］まで連れて行ってくれる。それから近くの本屋に行って、2人でゆっくり本を選んで、1冊買ってもらう。勤勉な努力型の祖父らしく、買ってくれるのは偉人伝みたいなものばかりでした。読んだあとに「感想を言ってみなさい」と言われたりするんですが、偉人の伝記なんて面白くないから、本当は面倒くさくて読んでいないんですよ。とりあえず「おもしろかったよ」とか答えるんですが、納得してくれない。「面白いじゃわからない、どこがどう面白かったのか言ってみなさい」と言われて、これは困った。自分が小さいころ、勉強したくてもできなかった人だから、子どもや孫にはできる限りのことをしたいという気持ちがあったんでしょうね。祖父と歩いた有栖川宮記念公園は、なんだか故郷みたいに思えます。

60年安保［＊14］が小学校3年の時で、ぼくも学生のまねをして、家や学校で「安保、反対！」なんて言ってデモごっこをやったりしていました。いま考えると、財界系で自民党支持の祖父は、自分のかわいい孫がそんなことをするのをどんな気持ちで眺めていたんでしょうね。

徳山先生のレッスン

小学校に入ると、先生についてピアノを習い始めることになりました。「幼児生活団」ではピアノを弾いたり作曲をしたり、みんなで音楽に親しむ機会がありました。でも、小学校にあがったらピアノを弾かなくなってしまう。「もったいないからみんなで習いに行きましょう」と、お母さんたちが声を掛け合ってピアノの先生を探したんです。それで、生活団の卒業生10人ぐらいの仲間で、目白の徳山寿子さん［＊15］という先生のところへ習いに行くことになりました。週に1回の楽しい同窓会、というような雰囲気もありました。実は、ぼくも母もそんなに積極的ではなくて、友だちも行くといっているからまあ行ってみよう、という感じだったんですが。

それまで自宅にはピアノがなかったんですが、それではさすがに練習もできないからということで、ピアノを買ってもらいました。もちろんアップライトです。グランドピアノを置けるような大きな家ではありませんでしたし、お金もなかったですから。今の編集者はどうなのかわかりませんが、父のころは編集者というのはすごく薄給だったんですよ。だから、ぼくのためにピアノを買い、レッスンにも通わせるというのは、家族にとってかなりの負担だったはずです。

この徳山寿子先生という方が、すごく面白い人でした。戦時歌謡で「とんとん　とんからりと　となりぐみ……」っていう歌があって、ご主人はそれを歌っていた徳山璉《たまき》［＊16］という有名な声楽家でしたが、若くして亡《な》くなった。寿子先生の方は、すごく進歩的で先端的な明治の女性という感じで、髪型はボブ。もうご高齢でしたが、とてもハイカラな人でした。

毎週、レッスンのあとで、若いころの話をいろいろと聞かせてくれました。夏にな

「徳山寿子のキッチン楽団」メンバーとしてテレビ出演

るとボーダー柄の水着を着て江ノ島へ行き、水上艇の脚にぶらさがって空を飛んだ、とか。おてんばなところのある、華やかな人だったんですね。ぼくら生徒は、先生の話を聞くのが楽しみで通っていたようなところがありました。

先生としてはすごく厳しくて、叱《しか》られたりひっぱたかれたりするのはいつものことでした。でも、つまらない練習曲を弾かせるばかりではなく、音楽についてとても熱心におもしろく教えてくれました。

たとえば、ベートーヴェンの第九のスコア［＊17］をみんなに配って、一緒にレコードを聴き、「どこがテーマか、スコアで探してみましょう」と言う。そしてさらに「そのあと、このテーマはどの楽器でどういうふうに出てくるか、赤鉛筆で全部しるしをつけなさい」というようなこともする。ぼくらは小学生ですから、まだスコアなんてほとんど読めもしないんですが、一生懸命やってみるうちに、楽譜の読み方とか、音楽の聴き方が少しずつわかってくるんです。

先生に教えてもらいながら注意深く聴くと、いろんなことがわかってきました。たとえばバッハなどは「こんなところにさっきのメロディーが出てくる」とか、「ここではひっくり返って出てきている」とか、「今度は2倍に引き伸ばされて出てきた」とか、普通にぼーっと聴いているだけではわからないものがどんどん見えてきて、すごく楽しい。ああ、面白いなあ、と思いました。そういう聴き方は、すべて徳山先生に教わったようなものです。

バッハとの出合い

徳山先生のところでそういうレッスンを受けているうちに、ぼくはすっかりバッハが好きになりました。普通ピアノ曲は、右手がメロディー、左手が伴奏、という曲が多いですが、ぼくはそれが嫌いだった。左ぎっちょだったからかもしれない。でもバッハは、右手に出てきたメロディーが左手に移ったり、あとで形を変えてまた右手の方に出てきたりする。左右の手が常に役割を交換しながら、同等の価値を持って進行していく、そういうところがすごくいいと思って、えらく気に入りました。これは決定的な出合いでした。ポップスや歌謡曲もテレビやラジオから耳に入ってはいたけれど、本当に好きだったのはバッハでした。

では、いよいよ音楽に興味が出てきて、熱心にピアノの練習をしていたかというと、そんなことはない。今でもそうですが、ぼくはほんとに練習が嫌いなんですよ。実は、ぼくは家で練習というものをしたことはほとんどないんです。ぱっと見て弾けないものは、いつまでたっても弾けない。だって練習しないから。ラジオで耳にしたアメリカン・ポップスなんかも弾いてみることはありましたが、「大脱走」などの遊びに忙しく、ほとんどピアノは弾いていませんでした。

＊1 **少年マガジン、少年サンデーの創刊** 講談社の『週刊少年マガジン』と小学館の『週刊少年サンデー』は、ともに1959年3月17日に創刊された。当時の造本は中綴じだった。創刊時の表紙は『マガジン』が横綱・朝汐太郎、『サンデー』はプロ野球選手・長嶋茂雄が飾った。

＊2 **鏡像段階** フランスの精神分析学者ラカン（1901-81）の用語で、生後6～18カ月の発達段階を指す。この時期の幼児は、身体感覚や運動能力において未発達だが、鏡像を通じて、他とは区別された実体として自己を発見し、統一的なものとして認識する。ラカンによれば、自我の発達の基礎を成す段階。

＊3 **大脱走** ジョン・スタージェス監督のアメリカ映画。1963年制作、日本でも同年に公開されて人気を博した。第2次大戦中、ドイツの捕虜収容所で起きた脱走劇を描いた作品。脱走する主人公ヒルツをスティーヴ・マックイーンが演じた。

＊4 **ララミー牧場** アメリカNBC制作のテレビドラマ。ワイオミング州ララミーの町で、父をならず者に殺された牧場の兄弟が、流れ者のガンマンとともに繰り広げる正義と友情の物語。

＊5 **ローハイド** アメリカCBS制作のテレビドラマ。開拓時代のアメリカ西部で、数千頭の牛を運ぶカ

ウボーイたちの物語。フランキー・レインによる主題歌は日本でも人気を博した。

＊6 コンバット！ アメリカＡＢＣ制作のテレビドラマ。ノルマンディー上陸作戦以降のフランス西部戦線が舞台。有名なテーマ曲は『エデンの東』『理由なき反抗』で音楽を担当したレナード・ローゼンマンによるもの。

＊7 ギャラント・メン アメリカＡＢＣ制作のテレビドラマ。イタリア戦線が舞台。音楽担当はハワード・ジャクソン。エディ・フォンテインが歌った哀愁に満ちた主題歌「戦場の恋」は、フランク永井がカヴァーした日本語版もヒットした。

＊8 パパ大好き アメリカＡＢＣおよびＣＢＳ制作のテレビドラマ。男手ひとつで３人の息子を育てる父親の物語。

＊9 快傑ハリマオ 昭和初期に東南アジアで活動し、「マレーの虎」と呼ばれた日本人盗賊、谷豊をモデルにした、１９６０～61年放映のテレビ番組。放映とほぼ同時進行で、石森章太郎が『週刊少年マガジン』に漫画版を連載した。第1話から5話は国内テレビ映画初のカラー作品でもあった。主題歌は三橋美智也。

＊10 少年ジェット １９５９～60年放映のテレビ番組。探偵の助手を務める少年ジェットこと北村健が、スクーターに乗り愛犬を従えて悪党に立ち向かう。

＊11 五高 旧制第五高等学校。現在の熊本大学の前身の一つ。講道館柔道を創始した嘉納治五郎、日本研究家ラフカディオ・ハーン（小泉八雲）、夏目漱石も教鞭をとった。池田勇人のほか、佐藤栄作、梅崎春生、木下順二らも輩出している。

＊12 池田勇人 第58～60代内閣総理大臣。１８９９年広島県生まれ。旧制五高、京大法学部を経て大蔵省入省。１９４９年の総選挙で初当選し、新人ながら大蔵大臣に就任。60年から64年まで総理大臣を務める。「貧乏人は麦を食え」「所得倍増」「私は嘘は申しません」等の発言は流行語となった。65年没。

＊13 有栖川宮記念公園 港区南麻布にある自然豊かな公園。幕末までは盛岡藩南部家の藩邸だった。その後、有栖川宮家、高松宮家に引き継がれ、１９３４年に東京市の公園として市民に開放された。75年より区立公園。都心ながら敷地には滝や渓流もあり、季節の草花や野鳥の姿も楽しめる。

＊14　**60年安保**　１９６０年、岸内閣のもとで日米安保条約が改定された際、その軍事同盟的性格を批判して激しい反対運動が展開された。5月20日に衆議院で強行採決、6月19日に自然成立、同23日岸内閣総辞職の表明を受けて運動は終息したが、総括をめぐって運動主体が分裂し、社会運動に「挫折」の季節が到来した。

＊15　**徳山寿子**　１９０２年大阪府生まれ。母は女医。東京女子高等師範学校（現・お茶の水女子大学）に入学するが中退し、音楽学校に編入。コップなどを使った創作楽器の演奏で活躍し、「徳山寿子のキッチン楽団（坂本も参加）」はテレビ番組にも出演。高校の校歌の作曲や、童謡の編曲も手がけた。また、〝モガ〟の先駆けとしてもメディアに登場している。92年没。

＊16　**徳山璉**　１９０３年神奈川県生まれ。東京音楽学校（現・東京芸術大学）声楽科を卒業後、武蔵野音楽学校（現・武蔵野音楽大学）教授となり、渡辺はま子、中野忠晴、松平晃らの歌手を育てた。のちに日本ビクターからデビューし、「侍ニッポン」「ルンペン節」などが大ヒット。バリトン歌手としては藤原義江のオペラに出演、古川緑波とのコンビで軽演劇も演じた。42年没。

＊17　**スコア**　「総譜」ともいい、合奏・重奏を構成するすべてのパートがまとめて記された楽譜のこと。これに対し、個々の演奏者が演奏時に使う楽譜は「パート譜」と呼ばれ、自らの演奏する部分だけが記されている。

3 ビートルズ
——小学生のころ・2

徳山寿子先生のところで一緒にピアノを習っていた友だちは、小学校高学年になると、少しずつ辞めていきました。小学1年で習い始めたころには10人ぐらいいたんですが、気がついたら誰も残っていなかった。ぼくひとりだけ。中学受験をする子ばかりでしたから、ピアノどころではなかったんでしょうね。ぼくは受験なんて全然考えていなくて、近所にある千歳《ちとせ》中学校という区立の中学に行きました。

受験勉強をしなかっただけではなくて、ぼくには家で勉強するという習慣自体がそもそもなかった。祖師谷小学校の当時の校長先生は金沢嘉市《かいち》さん［＊1］という有名な人だったんですが、この先生がちょっと面白くて、宿題は出さないという教育方針だった。勉強は学校でやるものだ、だから授業が終わったら遊びなさいと。そのおかげもあって、家で勉強するくせが全然つかなかった。その後もずっとそうでした。

「作曲をやりなさい」

小学5年生の時に、徳山先生に「別の先生のところで、作曲をやりなさい」と言われたんです。突然のことで、「？？？」という感じでした。幼稚園で「ウサちゃんのうた」を作った記憶はあるにしても、それ以外に作曲なんてしたことがないわけですから、いったいどんなものなのか想像もできない。母も、自分の息子が作曲家になるための勉強をするなんて、とても現実的だとは思えなかったでしょう。2人とも全然乗り気ではなくて、親子で拒んだんです。「作曲なんてとてもとても」と。

ピアノを習い始めたときも、幼稚園の友だちとそのお母さんたちに背中を押されてなんとなく始めた、という感じで、特別なモチベーションがあったわけではない。「ウサちゃんのうた」にしても、作りたいと思って作ったわけではなかった。「ウサちゃんについての音楽を作るほどの、内発的なエモーションやパッションはありません！」とか言って拒絶できるだけの言語的な能力がなかったから、とりあえず作ってしまったというだけのことで。

では、大きくなってからは音楽に対する特別なモチベーションが生まれてきたのかというと、実はそうでもなくて、大学に入ってからも、音楽以外のものをやったっていいんじゃないかと思っていた。その気になったら、映画を撮るかもしれないし、小説を書くかもしれない。音楽をやることが自分の使命だ、というようなことは、全く思ったことがなかった。まあ、若い者にありがちな高慢ちきな態度ですが。

でも当時、徳山先生はどうしてもぼくに作曲の勉強をさせたかったようで、執拗《しつよう》に勧められた。われわれは拒む、それでも先生は勧める、という膠着《こうちゃく》状態が何カ月も続きました。

経済的な負担が大きくなることも、われわれが乗り気でなかった理由の一つでした。すでにお話ししたとおり、編集者だった父の収入は決して多くありませんでした。音楽を習うというのはお金のかかることで、ピアノのレッスンに加えて作曲まで教わりに行くとなると、かなりの出費です。よくあれだけ負担をしてくれたものだと、今さらながら感謝しています。

1961年

父のこと

父は仕事が忙しくて、1カ月に1度顔を合わせるかどうか、という感じでした。そして家にいればいたでいつも怒鳴っている。野間宏《ひろし》、高橋和巳《かずみ》、埴谷雄高《はにやゆたか》、小田実《まこと》、というような著者と仕事をしていたわけですから、

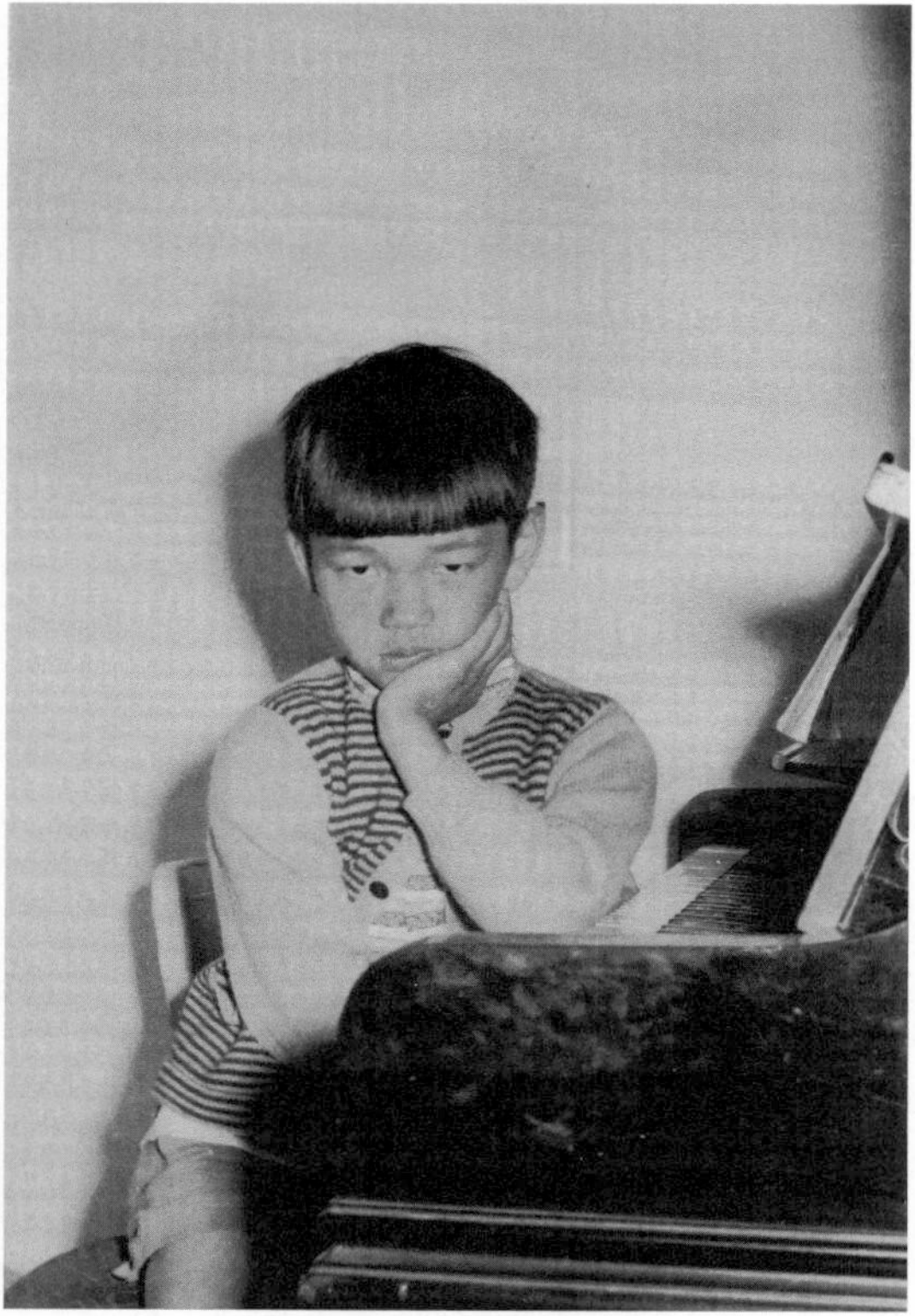

自宅のピアノで　1959年　7歳

思想的にはもちろんリベラルなんですが、学徒出陣で満州に行った人なので、陸軍で染《し》みついたものが抜けなくて、軍隊のような命令口調で怒鳴るんです。「雨戸を開けんか！」とか、「新聞取ってこい！」とか。とにかく怖い。

そんな調子でしたから、ぼくは父に話しかけたこともなかった。初めて目と目を合わせたのが、高校3年ぐらいのときじゃないかな。父の方も、何か言いたいことがあるときには、ぼくに言わずにいったん母に言ってきたりしていた。そんなふうに、息子と直接のコミュニケーションがなかったぶん、一種のエクスキューズというか、教育ではしっかり投資しようと考えてくれたのかも知れません。

数カ月にわたる徳山先生の説得に、最後は母とぼくが根負けした形で、じゃあ試しに半年ぐらいやってみましょう、ということになった。ピアノは中学3年まで徳山先生のところで続けて、そのほかに週1回、作曲の先生のところに通うことになりました。

その先生というのが、松本民之助先生［*2］でした。最初からいきなり、芸大の作曲科の大先生のところへ習いにいったわけです。これがまたおそろしい人でした。体が大きくて、ブルドッグみたいにいかつい。

下は小学生から上は高校生まで、週に1度、何十人もの生徒が同じ日に教わりに来ていて、先生はいつも和服姿でピアノの前に座っていました。レッスンは基本的に小さい順なので、習い始めのころは、ぼくは早めの時間。遅めの時間に行くと大人のような高校生の生徒がいて、難しい課題曲を先生が弾いて直したりしていた。生徒たちは、怒鳴られたり、ひっぱたかれたり、譜面に大きくバツ印をつけられたりしていた。あれは怖かった。

先生の家は桜新町にあって、当時の玉電［*3］というのに乗って通いました。幼稚園も遠くだったし、祖師ヶ谷大蔵の小学校まではバスで越境通学、徳山先生は目白だったから、ずいぶんあちこちに通っていたわけですね。だから、学校や教室には友だちがいたけれど、家の近所にはほとんどいなくて、いつもひとりで遊んでいた。

ビートルズ

クラシック音楽だけでなく、ポップスも耳には入っていました。ポール・アンカなども聴いていた記憶はあるんですが、でも積極的にファンになるというほどではなかった。決定的だったのはやっぱり、ビートルズですね。ビートルズと出合ったのは、松本先生のところに連れて行かれてしばらくしたころのことだったと思います。作曲を始めたこと、ビートルズに出合ったこと。どちらもぼくにとってとても重要なことでした。

最初にガツンと来たのは、実はビートルズの音楽ではなくて、写真の方なんです。雑誌の表紙の写真。見た瞬間に「すごい！」と思って引き込まれて、どんな音楽をやっているんだろうと思った。

徳山先生のところに来ていた、中学生か高校生ぐらいのお姉さんがその雑誌を持っていたんです。ぼくが表紙を見て「それ何？」と訊《き》いたら「ビートルズっていうのよ」と教えてくれた。なんてかっこいいんだろうと思いました。それがビートルズとの衝撃的な出合いです。『ミュージック・ライフ』［＊4］だったと思うんですが、記憶が定かではありません。

クラシックのレコードは叔父のところにたくさんあって、いつもそれを借りて聴いていましたが、ビートルズのレコードは叔父のところにはないので、小遣いを貯《た》めて自分で買いました。曲は「抱きしめたい」だったかな。ビートルズのアルバムは全部買いましたし、映画［＊5］も観《み》に行きました。『ハード・デイズ・ナイト』。そのあと『ＨＥＬＰ！』。

でも、最初に自分で買ったレコードはビートルズではなくて、ローリング・ストーンズなんです。ビートルズの「抱きしめたい」のちょっと前に、ストーンズの「テル・ミー」を買った。そのほかには、デイヴ・クラーク・ファイヴ［＊6］とか、アニマルズ［＊7］なんかも買って聴いていました。

ストーンズ的なもの

ストーンズにもけっこう衝撃をうけました。どういう衝撃かというと、あんまり演奏が下手なのでびっくりしたんです。下手だけどかっこいい、下手すぎてかっこいい、と思った。パンクな感じですよね。子どもながらに「これ、音ズレてるじゃん」と思った。「こんなにズレちゃっていいのか？」って。その点、ビートルズの方はかなり洗練されていました。

ビートルズから受けた影響は大きいんですが、ストーンズの方も、その後のぼくのやってきたことにつながっているんですよ。ぼくの中に、ストーンズ的なものの系譜というのかな、そういうものがあって、それは特にアヴァンギャルドなものにつながっていくんです。

高校生のころには、ジョン・ケージ［＊8］やナム・ジュン・パイク［＊9］のような人とか、フルクサス［＊10］やネオ・ダダ［＊11］みたいな運動に、どっぷりはまりました。その後、フリー・ジャズ［＊12］をやったりもした。そういう異端というか前衛的なものを好む傾向は、今思うとストーンズから始まっているのかもしれない。ビートルズの音楽にあるような、洗練されたものも好きだし、ストーンズ的な荒っぽいものも好き。どちらも捨てがたい。

ビートルズに関しては、まずハーモニーがすごくきれいだと思った。アレンジもかっこいい。それまでのアメリカン・ポップスの、シンプルな3コードの音楽ではなくて、けっこう複雑なハーモニーを使っている。なんだろうこの響き、と思った。今考えれば、あれはジョージ・マーティンというプロデューサーがずいぶん手を入れた結果なんですね。

ドビュッシーに通じる響き

そのころは、作曲の勉強を始めていましたから、音を分析的に聴くことが少しはでき始めていたんだと思います。ビートルズを聴いて、ハーモニーが不思議なので、なんだなんだ、と気になって、ピアノで弾いてみる。でもそれはまだ習っていない響きで、何と呼べばいいのかわからないんです。あとでわかったことですが、それは9thの和音［＊13］だった。これはまさに、ぼくがやがて出合って夢中になった、ドビュッシーの好んだ響きなんですよ。その響きにぼくは、ものすごくどきどきした。オルガスムスみたいな快感を覚えた。あまりに興奮して、日ごろ話もできなかった父をステレオの前に引っぱってきて、ビートルズのレコードを聴かせたりしました。

ドビュッシーに出合うのは、中学2年のときです。初めて聴いたのは、もう一人の叔父のレコード・コレクションにあった弦楽四重奏曲でした。これにもすごい衝撃をうけて、夢中になり、それからしばらくの間、自分はドビュッシーの生まれ変わりだと、半分本気で信じていたぐらいです。

＊1 **金沢嘉市** 教育評論家、児童教育研究者。1908年生まれ。戦前戦後を通じて41年間の教師生活を送り、在職中にNHK「このごろのできごと」に長期出演。世田谷区祖師谷、三宿、代沢の各小学校校長を経て69年に退職。78年より子どもの文化研究所所長を務める。学力テストや教科書検定など、国の文教政策を批判する立場から活動を続けた。著書に『ある小学校長の回想』（岩波新書）、『金沢嘉市の仕事』（全5巻、あゆみ出版）など。86年没。

＊2 **松本民之助** 1914年生まれ。作曲家。下総皖一に作曲、伊藤武雄に声楽、福井直俊にピアノを師事。東京音楽学校在学中にベルリン五輪芸術競技で佳作入選（36）、ワインガルトナー賞1位入選（38）。東京芸術大学作曲科で教授を務めたほか、作曲家グループ〃みつまた〃、詩人・作曲家・声楽家グループ〃みすず会〃を主宰。作品に「龍と琵琶」など。2004年没。

＊3 **玉電** 東急の軌道線、玉川線（渋谷〜二子玉川園）の愛称。1907年、玉川電気鉄道として開業、25年には三軒茶屋〜下高井戸間に支線も開通した。軌道線としての玉川線は69年に廃止され、渋谷〜二子玉川園間は田園都市線の一部となっている。支線部分の三軒茶屋〜下高井戸間は、東急世田谷線として現在で

も軌道線として存続している。

＊4　ミュージック・ライフ　星加ルミ子が編集長を務めていた人気音楽雑誌。

＊5　ビートルズの映画　『ビートルズがやって来るヤァ！ヤァ！ヤァ！』はビートルズ初の主演映画。1964年公開。ビートルズの日常をコミカルに追ったドキュメンタリー・タッチの作品。2001年に『ハード・デイズ・ナイト』としてリバイバル上映された。2作目の『HELP！4人はアイドル』は、より娯楽色の強い喜劇映画。2作ともにリンゴ・スターが主役として活躍し、俳優としての評価を固めた。

＊6　デイヴ・クラーク・ファイヴ　イギリスのバンド。1958年結成、62年デビュー。64年に「グラッド・オール・オーバー」が大ヒットし、「抱きしめたい」に代わってチャート1位に。ビートルズのライバルとされ、彼らのサウンドはビートルズの「リバプール・サウンド」に対して「トッテナム・サウンド」と呼ばれた。代表曲に「ビコーズ」など。

＊7　アニマルズ　イギリスのバンド。1963年結成。ブルース、R＆Bをベースとしたサウンドを特徴としていた。アメリカの古い民謡をロックにアレンジした「朝日のあたる家」（64）のヒットで一躍有名になった。

＊8　ジョン・ケージ　1912年生まれ。アメリカの芸術家・思想家。偶然性や日常性を大胆に取り入れることで、高度に構築的だったそれまでの現代音楽に決定的な影響を与えた。演奏者が何もしない沈黙の音楽「4分33秒」はあまりに有名。92年没。

＊9　ナム・ジュン・パイク　1932年生まれ。韓国出身の芸術家。50年に家族とともに来日し、東京大学文学部美学・美術史学科を卒業後、ドイツへ。ケルンで電子音楽を中心に現代音楽を学び、ジョン・ケージやシュトックハウゼンとも交流。60年代前半からヴィデオ・アート作品で注目を浴び、ジョージ・マチューナスらとともにフルクサスに参加。80年代にはパフォーマンス、ヴィデオ作品、衛星中継番組などで坂本龍一とコラボレートしている。坂本のソロ・アルバム『音楽図鑑』（84）に収録された「A TRIBUTE TO N.J.P.」は、パイクに捧げられたもの。2006年没。

＊10　フルクサス　1960年代初頭から始まった芸術運動。ケルンで始まり、欧米各地に広がった。運動

を主導したジョージ・マチューナスのほか、ナム・ジュン・パイク、ヨーゼフ・ボイス、アラン・カプロー、ラ・モンテ・ヤング、ディック・ヒギンズら、世界中のアーティストが参加した。「イヴェント」を表現形式とし、芸術における制度的なものを徹底して破壊し、芸術と日常の境界を取り払うような活動を展開した。

＊11 ネオ・ダダ　1950年代中ごろからアメリカを中心に起こった芸術運動。廃材や印刷物を組み合わせたロバート・ラウシェンバーグの「コンバイン・ペインティング」や、旗や標的など既成のイメージを作品化したジャスパー・ジョーンズの絵画作品が代表的。芸術／非芸術の境界自体を問題にしている点で、ジョン・ケージの思想やフルクサスの活動ともつながっている。

＊12 フリー・ジャズ　1960年代に生まれた、それまでのモダン・ジャズのスタイルを破壊するような自由なジャズの演奏形態。オーネット・コールマンのアルバム『フリー・ジャズ』(61) からきた呼称。ジョン・コルトレーン、アルバート・アイラー、セシル・テイラー、山下洋輔などがフリー・ジャズのミュージシャンとして知られる。

＊13 9thの和音　5和音とも言う。例えば根音をドとすると、「ドミソ」は3和音。3度上のシを加えた「ドミソシ」は4和音。さらに3度上のレを加えた「ドミソシレ」は5和音となる。5和音の一番上の「レ」は根音の9度上（9th）になる。

4　自分はけっこう、音楽が好きなんだ
——中学生のころ

ぼくが中学校に入学したのは1964年、東京オリンピックの年です。地元の区立中学［＊1］だったんですが、いろいろな小学校から生徒が集まってくるので、知らない子も多い。だから、まず探りを入れます。「おまえ、ビートルズ知ってる?」って訊くんです。知ってるやつとは仲良くする。知らないやつは、あまり相手にしないことにする。知っているやつがちょうど4、5人いたので、みんなでホウキをもってビートルズのマネをしていました。そのうちに、髪も伸ばし始めました。

ぼくのころはまだ子どもが多く、1クラスが55人ぐらいでした。そんなに大人数のクラスでも、ビートルズを知っているのは4、5人。クラスの大多数の子は「なんだ、あれ」という感じで、汚いものでも見るかのようにぼくらを見ている。でも、それがなんだか快感でしたね。

ピアノも作曲もやめた！

入学してすぐ、バスケットボール部に入りました。そのころは背が高かったから、というのもあるけれど、やっぱり、バスケ部というのは一番モテたから。バッシュとか、足元のチャックを開けて裾《すそ》を引きずるようなジャージとか、そういうのがかっこよく見えた。

バスケットをすると手を痛めたりすることもありますから、ピアノを弾くにはよくない。当然、親やピアノの先生には反対されましたが、自分としてはバスケットがしたかった。モテたい、という程度のことしか考えていなくて、それ以上の理由もなかったんですが。でも「音楽を続けるかバスケットをやるか、どちらかを取れ」と言われたときに「バスケットをやる」と言って、ピアノも作曲もやめちゃったんです。作曲はせっかく習い始めたばかりだったのに。習い始めたときもずいぶん揉《も》めましたが、やめるときも大騒ぎでした。

3カ月か半年か、本当に音楽をやめてバスケットをやっていたんですが、そのうち自分の中に何かが欠けている気がしてきた。最初は何が欠けているのかわからなかったけれど、しばらくするうちにそれが音楽だということに気がつきました。

結局、ピアノの徳山先生と作曲の松本先生のところへ行って、今度は自分から「やらせてください」と頭を下げてお願いをした。そのとき初めて自分から、積極的に、音楽をやることに決めたわけです。「自分はけっこう、音楽が好きなんだ」と思った。やめてみてわかったんですね。一度別れて、また同じ人と結婚したりする人がいますが、それに似ているかもしれない。自分で本当に何かをやりたいと思ったのは、人生で初めてのことだったと思います。

そうなると当然、バスケット部をやめなくてはいけません。今度はキャプテンのところに行って、おずおずと「やめたいんですけど」と言ったら、案の定、廊下の奥の暗いところに連れて行かれ、ボコッとやられて、だいぶ伸びていた髪の毛を引っ張られたりもした。そういう儀式が済んで晴れてバスケット部をやめ、音楽に打ち込み始めたわけです。

塩崎くん

バスケット部をやめたあと、何か別の部に所属しなくてはいけないことになっていたので、まあとりあえずという感じで吹奏楽部に編入しました。音楽ならすぐできるだろうと思って。ぼくはわりと口が大きくて、唇が厚いんですが、顧問の先生がそれに目をつけて「君はチューバの口をしてるねえ！」と言う。体も大きいからというこ

1965年　母と

とで、いちばん大きいチューバを割り振られてしまった。かっこ悪くて嫌だったんですが、音楽の下地はありましたので、すぐ吹けるようにはなりました。

その吹奏楽部の1学年上に、すごくハンサムな先輩がいて、トランペットを吹いていました。実は小学校もぼくと一緒だった。それが安倍《あべ》内閣で官房長官を務めた塩崎恭久くん［＊2］です。トランペットといえば、吹奏楽では花形で、いつもかっこよくメロディーを吹いている。ぼくはチューバですから、いちばん後ろで、縁の下の力持ち。ぜんぜんかっこよくない。ぼくたちはやがて同じ高校に進学して、彼が1年留学した関係で同じ学年になり、大親友になるんですが、それはまた改めてお話ししましょう。

吹奏楽部で吹いた曲の中で記憶に残っているのは、東京オリンピックのファンファーレですね。ちょっと日本的で、それでいて現代的で、かっこいいんです。今でもいいなあと思っているんですが、そのファンファーレが当時とても流行《はや》っていて、みんなよく吹いていた。ファンファーレにはチューバのパートはないんですが、余っているトランペットを自由時間に借りて、ぼくも一緒に吹いていました。

ドビュッシーの衝撃

休止期間のあとは、作曲の勉強に本格的に打ち込むようになりました。それまでは毎週1回、算数のドリルをやるみたいに、作曲の宿題をただ一夜漬けで仕上げて先生のところへ持って行くだけだったんですが、このころには好きな曲の楽譜を自分で買いに行き、宿題でもないのに一生懸命研究したりするようになりました。今回はこの曲、というふうに決めて、どうしてこういう音がするのか、おたまじゃくしから分析しようとか、それをお手本に似た曲を作ってみようとか、そういうことを自主的にやり始めた。

そんな時期に、最初に夢中になって徹底的に読み込んだのがベートーヴェンのピアノ協奏曲第3番［＊3］でした。今聴いてみれば、いかにもベートーヴェンらしい、特にどうということもない曲なんですが、なぜかそれが好きになってしまって、半年ぐらいずっとレコードを聴いたり楽譜を見たりしていた。中1の後半ごろです。

中学2年になって、そろそろそれにも飽きてきたころ、叔父のレコード・コレクションを何気なく見ていたら目に入ってきたのが、ドビュッシーの弦楽四重奏曲［＊4］

のレコードでした。演奏はブダペスト弦楽四重奏団で、B面はラヴェルの弦楽四重奏曲。それをこっそり持って帰って、うちのステレオで聴いてみました。昔よくあった、家具調の、レースがかかっているようなステレオで。そして、ものすごい衝撃を受けた。

それは、自分の知っているどんな音楽とも違っていました。好きだったバッハやベートーヴェンとは全然違う。ビートルズとももちろん違う。聴いたとたんに、なんだこれは、と興奮して、すっかりドビュッシーにとりつかれてしまった。

あまりに夢中になってドビュッシーに共感して、自我が溶け合ってくるというか、もうずっと昔に死んでしまっているドビュッシーのことが自分のことのように思えてきた。自分はドビュッシーの生まれ変わりのような気がしたんです。おれはなんでこんなところに住んでいるのか、どうして日本語をしゃべっているのか、なんて思うぐらい。ドビュッシーの筆跡をまねて、帳面何ページにもわたってサインの練習をしたりもした。「Claude Debussy」って。

自分が夢中になっている音楽の話を共有できるような友だちは、周りにはいませんでした。学校にもいなかったし、家に帰ってもいなかった。譜面を見ながら自分でぽろぽろ弾いてみて、どうしてこんな音がするんだろう、なんて思っていた。ひとりで音楽と語らっているような感じでしたね。

耳年増《みみどしま》、目年増

初めて長篇小説を読んだのもこのころです。五味川純平［＊5］の『人間の條件』を読んだのが、たぶん中学1年のとき。小学校高学年のころに、加藤剛主演のテレビ版が放映されていて、ぼくは夜11時からの放送を夜更《よふ》かししてこっそり見ていた。その印象が強く残っていて、読んでみたいなあとは思っていたんですが、中学の図書館で原作を見つけて、読んでみたんです。全6巻の、かなり長い戦争小説なんですが、けっこうぐっと来る作品で、ずいぶんのめりこんで読みました。

父が編集者でしたから、家にはいつも本がたくさんあって、本の名前や著者の名前は小さいころからけっこう頭に入っていました。そういう意味では、耳年増というか目年増というか、早熟だったんでしょうね。小学6年のとき、国語の授業で「好きな言葉を挙げなさい」と言われて、「美は乱調にあり」なんて答えたことがあります。先生がびっくりして「なんでそんなこと知ってるんだ」って。

中学2年ぐらいで、デカルトの『方法序説』を持って歩いたりしていました。そして、ちょっとませたクラスメイトと、「ものの実在とは」なんていう話をして、大人になったような気分になるんです。本の中身は、最初のほんの何ページかを読んだ程度だったと思うんですが。

それから、『マダム・エドワルダ』や『眼球譚《たん》』［＊6］、それに『O嬢の物語』［＊7］とか、父の書棚で見かけて「これはエッチにちがいない」と当たりをつけたものを、書棚からこっそり自分の部屋に持ってきてぱらぱら読んだりもしました。澁澤龍彦《しぶさわたつひこ》さんの本なんかも読みました。

それから、エッチな本ではないんですが、ウィリアム・バロウズ［＊8］の『裸のランチ』。実はこれは『マダム・エドワルダ』と同じ海外文学のシリーズ［＊9］に入っていて、父の勤めていた河出書房から出ていた。翻訳は鮎川信夫《あゆかわのぶお》さん。この本は本当に好きでした。こういう本たちは独特の匂《にお》いを放っていて、書棚からぼくを呼んでいるような感じがした。

そんなふうに音楽体験や読書体験はどんどん広がっていきましたが、実体験の方は地味でした。なんといっても、当時の世田谷のはずれというのは、やっぱり田舎でしたので。デートをしようにもボウリング場はないし、ハンバーガー・イン［＊10］もない。

あとになって幸宏《ゆきひろ》くん［＊11］や細野さん［＊12］に話を聞いたら、ぼくとは全然違う。

中学のころはもう青山やら自由が丘やらで遊んでいて、バンドを始めたり、パーティーをやったり、誰かの別荘に行ったり。世代はぼくと同じなのに、彼らは映画のような10代を送っていたようで、ずいぶん違うなあと愕然《がくぜん》としました。

ぼくの場合、中学まではふんわりとした温いカプセルの中にいたようなもので、まだほとんど何もしていないも同然の状態だった。人生が奔流に突入していったのは、高校に入学してからです。

＊1 地元の区立中学 世田谷区立千歳中学校。同校ウェブサイトによれば、坂本が入学した昭和30年代に生徒数がピークを迎え、昭和37年（1962年）の生徒数は1435名を数えた。2022年9月現在の生徒数は704名。

＊2 塩崎恭久 1950年生まれ。世田谷区立祖師谷小学校、同千歳中学校を経て、都立新宿高校へ。「社会科学研究会」に所属し、砂川米軍基地へのデモに参加。2年生のときにサンフランシスコに留学し、帰国後は坂本と同級生になった。東京大学教養学部アメリカ科卒業後、日本銀行入行。82年、ハーヴァード大学大学院で修士号を取得して帰国、当時経済企画庁長官だった父の秘書官となる。93年に衆院選出馬、初当選。大蔵政務次官、外務副大臣、内閣官房長官等を歴任。

＊3 ベートーヴェンのピアノ協奏曲第3番 1800年頃、ベートーヴェン30歳頃の作品。プロシア王子ルイ・フェルディナント公にささげられた。03年にウィーンで作曲家自身により初演。第1番、第2番では、モーツァルトの影響が強かったが、第3番ではベートーヴェンらしい個性が表れ始めている。聴覚を失って「ハイリゲンシュタットの遺書」を書くのが02年、交響曲第3番を発表するのが04年のこと。

＊4 ドビュッシーの弦楽四重奏曲 1892〜93年作曲。イザイ四重奏団に献呈され、彼ら自身によって初演された。ドビュッシー31歳のときの作品。機能的和声から脱し、調性に縛られない自由な音楽世界を確立した時期の傑作。バロック以後ロマン派までの西洋音楽は長調／短調を基本とする近代調性を用いていたが、この曲では中世のグレゴリオ聖歌で用いられた教会旋法などが導入され、ドビュッシー独自の新しい響きが生まれている。

＊5 五味川純平 小説家（本名・栗田茂）。1916年、旧満州生まれ。東京外国語学校（現・東京外国語大学）英語部卒業後、40年に満州に戻り軍需会社に勤務。43年に現地召集され、関東軍の一兵士としてソ連国境の激戦に参加、部隊が全滅した中で九死に一生を得た。このときの体験をもとにした大河小説『人間の條件』は、1300万部超の大ベストセラーとなった。95年没。

＊6 マダム・エドワルダ、眼球譚 フランスの作家ジョルジュ・バタイユの作品。『マダム・エドワルダ』は男と娼婦の一夜を、『眼球譚』は少年少女の変態行為を描く。ともに、グロテスクなエロティシズムを体現したバタイユの代表作。生田耕作による翻訳が有名。

＊7 O嬢の物語 1954年にフランスで発表された小説。55年ドゥ・マゴ賞受賞。著者名は「ポーリーヌ・レアージュ」とされていたが、94年にドミニク・オーリーが自らが著者であることを公表した。主人公の女性写真家が、監禁され、複数の男性に蹂躙され、性的愛玩物となる体験の喜びを告白する。日本では澁澤龍彥訳で河出書房より刊行された。

＊8 ウィリアム・バロウズ アメリカの作家。1914年生まれ。資産家の家に育ち、ハーヴァード大学で英文学を学ぶ。卒業後は各地を放浪し、麻薬中毒症状の激しい時期に書いたノートをもとにした『ジャンキー』（53）で注目を集める。〝カット・アップ〟（切り刻み）と呼ばれる過激なコラージュの手法がバロウズ作品の特徴。麻薬中毒者、同性愛者で、酔って妻を射殺したエピソードも有名。いわゆる「ビート・ジェネレーション」の詩人と親交が深かった。『裸のランチ』は、のちにデイヴィッド・クローネンバーグによって映画化された（91）。97年没。

＊9 海外文学のシリーズ 河出書房「人間の文学」シリーズ。

＊10　ハンバーガー・イン　１９５０年、ＧＨＱの元主計将校ジョン・Ｓ・ウェッツスタインにより、日本初のハンバーガー店として港区飯倉片町にオープン。64年に六本木5丁目交差点角に移転。アメリカに憧れを抱く若者たちを中心に人気を集めた。

＊11　高橋幸宏　１９５２年生まれ。中学時代に東郷昌和らとバンドを結成。立教高校（現・立教新座高校）から武蔵野美術大学へ。72年、加藤和彦の誘いを受けて「サディスティック・ミカ・バンド」に参加、イギリスを中心に高い評価を得る。２０２３年1月没。

＊12　細野晴臣　１９４７年生まれ。中学時代にバンド活動を始める。立教高校から立教大学へ進学し、在学中の69年に「エイプリル・フール」のベーシストとしてメジャーデビュー。同年大瀧詠一、松本隆、鈴木茂と「バレンタイン・ブルー」（のちの「はっぴいえんど」）を結成、日本語ロックの先駆者となる。

5　特別な時間のはじまり

——高校進学のころ

受験のこと

ドビュッシーに出合って、どっぷりと音楽にはまりはじめたのが中2のときですから、翌年はもう受験生になるんですが、相変わらず家で勉強するということはまったくありませんでした。学校へ行って、吹奏楽部で練習をして、家に帰ってくれば音楽を聴いたり、本を読んだり、テレビを見たり。そんな調子ですから、当然学校の成績はよくありませんでした。

いよいよ受験が間近になって、担任の先生に「どこの高校を受けるんだ?」と訊《き》かれました。

ぼくは小学校のころから都立新宿高校へ行きたいと思っていました。ちょっと好きだった同級生の女の子のお兄さんが新宿高校に通っていたことからくる親近感もありました。そのお兄さんと道ですれ違って、制服制帽の姿がかっこいいなあと思ったりもしていた。理由はその程度のことです。いま考えれば、制服制帽なんてよその学校でもだいたい同じだったはずですが、まあとにかくそのお兄さんがかっこよかったんですね。ちなみに両親は、どこの高校へ行きなさいというようなことは、一切言いませんでした。

それで、担任の先生には「新宿高校に行こうと思ってます」と答えたんです。しかし、新宿高校は受験校でレベルが高かった。それで先生は「そりゃ無理だろう」と言った。ぼくはそれにすごく反発して、新宿高校に入ってやる、と思って勉強し始めたんです。受験まで1カ月ぐらいしかなかったんですが、おかげでかなり集中して勉強しました。それで合格した。

合格してうれしかったかというと、実はそれほどでもなくて、自分としては受かって当たり前だと思っていました。先生はびっくりしていましたが、ぼくは「だから入るって言ったでしょう」とかなんとか言っていた。すごく生意気ですね。

当時は学校群制度［*1］というのがあって、いくつかの高校が生徒をまとめて募集して、合格者を機械的に振り分ける形になっていました。ぼくは駒場《こまば》高校に振り分けられる可能性もあったんですが、結果的に新宿高校に行けることになった。駒場高校

高校受験用の写真　第２ボタンがはずれているのは「ちょっとした反抗」

彦根城にて　撮影は楠瀬くん

はもともと女子高だった学校で、生徒の4分の3ぐらいは女子だったので、むしろあっちの方がよかったかもしれないな、と思ったのは、もっとあとになってからでした。

楠瀬くん

中学のとき、同じクラスに楠瀬くん［＊2］という友だちがいました。3年間ずっと同級生で、とても仲がよかった。当時、ぼくはデカルトとかフロイトとかを読み始めて知ったかぶりをしていたんですが、楠瀬くんとはそういう話もできました。

ぼくは自分が1番だと思っているのに、学校で知能テストみたいなものをやると、ぼくは2番で、彼が1番なんです。いつも楠瀬くんには敵《かな》わない。それから、彼は絵がとても上手だった。対抗してこっそり描いてみるんですが全くダメで、自分の目でひいき目に見ても、明らかに下手くそでした。彼は描くのが上手なだけではなくて、絵のことをよく知ってもいて、ユトリロ［＊3］とか、モディリアーニ［＊4］とか、べン・シャーン［＊5］とか、いろんな画家のことを教えてくれました。

当然ぼくは、自分は音楽が得意でピアノが弾けるぞとか、そういうことを言って張り合うんですが、彼はぼくと張り合ったりはしません。頭がよくて、ユーモアがあって、穏やかなタイプですから。しかもハンサムだった。

やがて、彼もぼくと同じ新宿高校に進学することになりました。高校でも彼は学年トップの成績で、学年でいちばんかわいい女の子と付き合い始めた。彼女も優秀で、女子でトップの成績でした。

実は、ぼくは彼女にラブレターを出したことがあるんです。「君は死刑囚にして死刑執行人だ」とかなんとか書いた。ボードレールかなにかの引用なんですが。彼女の下駄《げた》箱に、自分の名前は書かずに入れておきました。書かなくても、「あ、これは坂本くんからだ」とわかってくれるに違いないと勝手に思いこんでいた。でも普通に考えたら、それじゃラブレターだとは思ってもらえないですよね。なんだろうこれ、と気持ち悪かったんじゃないでしょうか。

その後、楠瀬くんは東大の農学部に進んで獣医になり、そしてめでたくその彼女と結婚しました。

現国の前中先生

ぼくは先生に恵まれる星の下に生まれたようで、ピアノの徳山先生もそうですが、高校でもいい先生に出会いました。現代国語の前中先生という人なんですが、この人の影響はとても大きかったと思います。東大在学中に学生運動に関わって、60年安保で挫折《ざせつ》して、就職先がなくて高校の先生になったという、当時たくさんいたいわゆる「でもしか先生」なんですが、すごくユニークで面白い人でした。

今でもよく覚えているんですが、高校に入った最初の現代国語の授業で、教室に入ってきた先生は、いきなり「俺はおまえたちに人間的な興味はない。おまえたちが他の誰であっても、俺には関係ない」というようなことを言う。

こんな先生は中学にはいなかった、今までとは全く違う、とぼくはすっかり興奮して、授業が終わるとすぐ教官室に話をしに行きました。父が編集者だったせいで耳年《みみどし》増《ま》でしたから、本の話で盛り上げたりして、やがて友だちになってしまった。

美術室の奥の部屋がたまり場になっていて、前中先生と仲の良い先生たち4、5人が放課後に、そこでよく酒を飲んだりしていました。2年生ぐらいになるとぼくも出入りするようになって、「おい坂本、酒買ってこい」なんてパシリをやらされたりしていた。いまでは考えられないことですよね。

高校3年のときには、その先生たちと一緒にスキーに行きました。完全に友だちづきあいです。スキー場で先生が女子大生をナンパするようなこともあり、そんな時にはぼくも一人前に張り合ったりしていました。

先生はもう亡《な》くなってしまったんですが、お元気なころはいつもコンサートに来てくれていました。

本の読み方は前中先生に、実際は前中って呼んでいたんですが、この先生に教えてもらったと思っています。古典にも造詣《ぞうけい》が深かったですし、北村透谷を教わったこともとても印象に残っています。先生は、朝4時に起きて登校前にヘーゲルの『精神現象学』［*6］を読んでいたりしたこともあったそうです。なんだか大島渚《なぎさ》［*7］の『日本の夜と霧』の登場人物のような雰囲気でした。

ぼくも『精神現象学』をかじってはみましたが、内容はまったく記憶に残っていません。カントもそうでしたけれど、そういうずっしりした思想書のようなものを読むのは今でも好きで、いずれ引退したら山にでもこもって読むぞと、今でも捨てずにとってあります。

3バカトリオ

高校に入ってできた友だちの中で、特に仲が良かったのが、塩崎くんと馬場くんです。ぼくと3人で「3バカトリオ」を組んでいました。

塩崎くんというのは、すでにお話ししたとおり、いまは政治家をやっているあの塩崎くんです。吉本隆明だ、大江健三郎だ、フッサールだと、2人で本の話もしましたし、音楽の話もしました。ほんとにいつも一緒にじゃれていたという感じです。馬場くん［*8］は『アクション・カメラ術』というベストセラーで有名になったカメラマンです。

大学に入ってからの友人たちの中には、今ではけっこう疎遠《そえん》になってしまっている人も多いんですが、この高校時代の親友2人とは、今でも親しくつきあっています。ぼくの祖父は高校で池田勇人《はやと》と出会って一生の友人になりましたが、高校生ぐらいの年齢での出会いというのは、何か決定的なものがあるのかもしれませんね。

ぼくが高校に入学したのは1967年で、その年の春には砂川で、秋には羽田で、反代々木系全学連［*9］の学生たちなどによる闘争がありました。どうしてそんなことを覚えているかというと、高校に入ってすぐ、3年生の先輩が頭に包帯を巻いて学校に来ていたのを見たからです。「どうしたんですか」と訊いたら、「砂川でやられた」という。スティーヴ・マックイーンみたいでかっこいいな、と思いました。無邪気なものです。

＊1　**学校群制度**　同一区域内の複数の学校が一括して生徒を募集し、合格者を各学校に振り分ける入試選抜の方式。学校間の学力の格差を是正することを目的として導入された。東京都では1967年から導入され、都立日比谷高校などそれまでの名門校の進学実績が落ち込み、国立や私立の高校へ受験生が流出する原因にもなった。82年に廃止。

＊2　**楠瀬良**　1951年生まれ。75年東京大学農学部畜産獣医学科卒業。農学博士。専門は馬の行動学。82年よりJRA競走馬総合研究所勤務。著書に『サラブレッドは空も飛ぶ』、『サラブレッドはゴール板を知っているか』など。

＊3　**モーリス・ユトリロ**　1883年生まれのフランスの画家。エコール・ド・パリの画家の一人。少年時代からアルコール依存症に苦しみ、医師の勧めで治療のために絵を描くようになる。生まれ育ったモンマルトルの風景を生涯にわたって描き続けた。哀愁に満ちた穏やかな作風で知られ、独特の深みのある白を多用した「白の時代」の作品が有名。1955年没。

＊4　**アメデオ・モディリアーニ**　1884年生まれのイタリア出身の画家。エコール・ド・パリの画家の一人。はじめ彫刻を志し、ブランクーシらと交友を持つが、やがて絵画に専念。人物が異様に細長く描かれる特徴的な肖像画を残した。1920年没。

＊5　**ベン・シャーン**　1898年生まれのアメリカの画家。貧しい労働者の生活を描き、「ソーシャル・シーン派」の代表的な作家として評価される。1930年代の大恐慌期には、農業安定局のプロジェクトで写真家ウォーカー・エヴァンズとともに貧困に苦しむ人々の姿を記録した。2006年には、第五福竜丸を題材にしたシャーンの絵に詩人アーサー・ビナードが文を添えた『ここが家だ』が出版され、各地で展覧会も

行われている。1969年没。

＊6　**精神現象学**　ゲオルク・ヴィルヘルム・フリードリヒ・ヘーゲル（1770－1831）の主著の一つ。精神が、感覚という低次の意識から絶対知に達する歩みを描く。ヘーゲルは近代ドイツを代表する哲学者で、フォイエルバッハやマルクスなどにも大きな影響を与えた。

＊7　**大島渚**　1932年生まれの映画監督。日本のヌーヴェル・ヴァーグの中心人物。京都大学在学中に学生運動に関わり、京都府学連委員長を務める。54年に松竹入社。安保闘争を題材にし、前衛的な手法を駆使した『日本の夜と霧』(60)で注目を集めたが、この映画がわずか4日間で上映中止となったことから松竹を退社。作品に『愛のコリーダ』(76)、『マックス、モン・アムール』(86)、『御法度』(99)など。2013年没。

＊8　**馬場憲治**　1951年生まれ。早稲田大学卒業後、ホリプロダクション入社。歌手・石川さゆりの宣伝マネージャーを務め、石川と結婚。ホリプロ退社後、81年にカメラマンとして執筆した『アクション・カメラ術』がベストセラーに。89年に離婚。その後、テレビのレポーターなどのほか、2001年から1年半の間、塩崎恭久代議士の公設秘書も務めた。

＊9　**反代々木系全学連**　日本共産党（本部は渋谷区代々木）の影響下にあった全学連が1958年に分裂、60年安保時は日本共産党に反対して帝国主義とスターリン主義を断罪する勢力が全学連の主流派の位置を占めたのだったが、これが「反代々木系全学連」のルーツ。67年当時は、共産主義者同盟、革命的共産主義者同盟全国委員会（中核派）、社会主義青年同盟解放派の3派の学生組織が連合した「全学連」を称して反代々木系全学連、または三派全学連と呼んだ。

6　バラ色の人生
——高校生のころ・1

ジャズ喫茶

高校に入って真っ先にやったのは、新宿のジャズ喫茶を回ることでした。当時、新宿には「ディグ」とか「ダグ」とか「木馬」とか、全部で三十数軒あったんですが、とりあえず全部に行ってみようと思ったんです。毎日ひとりで、授業が終わると制服制帽姿のままジャズ喫茶に行ってジャズを聴き、それまであまり飲んだこともなかったコーヒーを飲んだ。4月のうちにその三十数軒を踏破しました。

初めてジャズを聴いたのは、たぶん中学に入る少し前、ラジオ関東［＊1］の深夜放送だったと思います。そのころにボサノヴァに出合ったり、菊地雅章《まさぶみ》［＊2］という名前を知ったりもしていたんですが、中学生の間は不思議と、ジャズはほとんど聴かなかった。高校に入ってまたジャズを聴き出したというのは、やっぱり新宿という土地柄のせいだと思います。新宿といえばジャズ、というような思い込みがあった。

ジャズ喫茶に行きたい、と思ったのは、もちろん時代のせいもあったと思います。どの店にも学生運動をやっているような人たちが入り浸っていて、たいていタバコを吸いながら、紀伊國屋［＊3］で買ってきた本を開いて、ジャズを聴いている。かっこいいなあと思いました。

繰り返し行ったのは「ピットイン」です。「ピットイン」は2軒あって、1軒はライブが聴けるところでしたが、ぼくが通ったのはもう1軒の方、新宿通り沿いの、レコードを聴かせる方の店でした。5時を過ぎるころには学生さんたちで混み合い始め、煙が立ち込めてくるんですが、早めの時間だと閑散としていて、敷居が低い感じがした。たしか昼間に入ると割引があって、当時50円ぐらいだったと思います。自分の家にはジャズのレコードなんて1枚もなかったですから、50円で聴き放題というのはうれしかった。御多分に漏れずというか、ジョン・コルトレーン［＊4］が好きでした。セロニアス・モンク［＊5］やエリック・ドルフィー［＊6］も好きでしたが、やはりいちばん好きだったのはコルトレーンでした。

67年ですから、まさにフリー・ジャズが生まれようとしていたころです。アート・アンサンブル・オブ・シカゴ［＊7］とか、日本では山下洋輔《ようすけ》［＊8］とか。「ピットイン」に、洋輔さんの書いた「ブルー・ノート研究」という青い冊子が積んでありました。冒頭に、「小泉文夫［＊9］による日本のわらべうた研究に依拠してこれを書いた」とあって、ぼくは「小泉文夫を読んでいるなんて、なかなかおもしろいジャズ・ピアニストがいるもんだ」なんて思って、すぐ買いました。

中学校では吹奏楽部に所属していましたが、高校では合唱部に入りました。最大の理由は、「楽だから」。音楽なら苦労なしにできるし、練習も毎日あるわけではなかった。それから、素敵な先輩がいたんです。男の先輩なんですが、今から思うと恋心なんでしょうね。彫りの深いハンサムで、横顔がカッコよかった。もちろん音楽が大好きで、部では指揮をしていた。理数系で数学が得意。その先輩が好きだったので、部活がちょっと楽しかった。

ぼくは歌はあまりうまくなくて、というより、むしろへたくそなんです。だから、歌が歌いたいわけではなかった。副指揮者みたいな立場になって、その憧《あこが》れの先輩がいないときには指揮をしました。合唱団を訓練して上手にするということにはあまり興味がありませんでしたが、楽譜に書いてあることを実際に音として再現できるというのは楽しいと思いました。ヘンデルやバッハといった定番のもののほかに、三善晃《みよしあきら》［＊10］などの現代曲をやったりもしました。はっきり覚えていないんですが、たぶんぼく自身がそういう曲を持って行って、みんなに歌ってもらったんだと思います。

夏には合宿がありました。1週間ほどどこか山に泊り込んで歌の練習をするんですが、歌の方はあまり記憶になくて、思い出すのは夜中の2時ぐらいに山登りに行ったことですね。真っ暗な中、部員二十数人で登るんですが、ちょうど頂上に着くころに空が白んでくる。降りてくるともう朝食の時間で、宿で用意されているおむすびをみんなで食べました。憧れの先輩と一緒でしたから、楽しかったですよ。

自作の前衛演劇

クラスでも夏に合宿がありました。新宿高校は房総に施設を持っていて[＊11]、そこで臨海学校をやるんです。1年生の夏にそこへ行きました。

そのときに、誰が言い出したのか、夜に何かイベントをやろうということになった。普通だったら焚《た》き火を囲んでブルー・コメッツ[＊12]を歌ったりするところなんでしょうが、そんなのは嫌だったから、即興の前衛演劇みたいなものをやってみることにしたんです。

ぼくが台本を書いて、同級生たちに適当に役を割り振る。真っ暗ななかでギターのうまいやつが一人、ビートルズの曲を弾き続ける。誰かが懐中電灯を好きなところに向けて、つけたり消したり。別の子には詩の朗読をしてもらう。するとそこに、音と光と言葉の空間ができあがる。どうやって思いついたんでしょうね。新宿高校始まって以来の前衛演劇と言われたりして、けっこう好評だったんですよ。

まあ、実際には演劇と呼べるようなものではなかったんですが、「俺にはこういう才能もあったんだな」なんて、自分でちょっと驚いたりしました。同級生たちに「あいつはちょっと変わったやつだな」と認知されるようになったのも、このころからだったような気がします。学校でも、自分なりの居場所ができてきたというか。

中学までは徳山先生のところでピアノを習っていましたが、高校に入ると「もっと専門的な先生につきなさい」と追い出されて、べつの先生のところに行かされました。でもそのレッスンがいやでいやで、いつもさぼっていた。レッスンの時間になると、京王デパートの屋上に行って夕陽を見たりしていました。やがて、ある日先生から電話がかかってきて「もう来ないでください」と言われた。「バンザーイ！」と思いました。そういうわけで、それからはピアノのレッスンから自由になりました。

作曲の勉強は続けていました。相変わらず、週に1回、算数のドリルみたいな和声の宿題をやって、松本民之助先生のところに通っていた。やめずに続けたのは、たぶん先生が怖かったから。それから、やっぱり作曲というものが、自分にとってけっこう面白かったんだと思います。

「今受けても受かるよ」

当時の新宿高校は、東大に入る生徒が毎年100人近くいるような名門でした。ちょうどぼくらのころからレベルが下がってくるんですが、いずれにしても受験校で、入学してしばらくすると、志望校を書くようにということで紙が配られました。同級生がみんな「東大」と書いているので、ぼくもひとまず「東大」と書いて、そのほかに「芸大」「日大」[*13]と書いた。音楽をやっていたので、このまま行くなら芸大かなあ、と漠然と思ってはいました。でも芸大に入れるかどうかわからないし、日大の芸術学部もかっこいいな、と思っていた。それでその3校の名前を書きました。でも、音楽家になろう、というような意思が固まっていたわけではまったくありませんでした。そもそも、何かの職業に就くということが、相変わらずうまく想像できなかった。

しばらくたったある日、高校の先生に「作曲の勉強をしているなら、池辺という先輩を紹介するから、会いに行ってみろ」と言われました。作曲家の池辺晋一郎《しんいちろう》さん[*14]が、新宿高校の先輩だったんです。

池辺さんのお宅を訪ねてお話ししてみると、とにかく面白くて、何時間も長居をしてしまいました。そのときに、「どんな曲を作ってるの？」と訊《き》かれたので、「こんな曲です」と弾いてみせたら、「芸大の作曲科、今受けても受かるよ」と言われたんです。ぼくはもう、「しめた！」と思いましたよ。「世の中けっこう甘いぜ！」と。高校1年、16歳のときです。

バラ色の人生

もともとろくに勉強はしていなかったんですが、「俺には芸大作曲科への入学が約束されているんだ！」と思ったら、もう学校の勉強なんてますますする気がしなくなった。とにかく好きなことばかりやって暮らしました。バラ色の人生です。

もちろん音楽も聴いたし、本も読んだし、人生の中で一番たくさん映画を観《み》たのもこの時期。それから、初めてガールフレンドとデートしたり、デモや集会にでかけていったり。学校はさぼってばかりの生活でしたが、なんだかものすごく忙しかったように思います。

＊1　**ラジオ関東**　現在のラジオ日本。神奈川県の県域放送局。70年代前半には、アメリカのヒット曲を紹介する「全米トップ40」が人気で、音楽評論家の湯川れい子がＤＪを務めた。

＊2　菊地雅章　1939年生まれ。ジャズ・ピアニスト。東京芸大音楽学部附属音楽高校作曲科を卒業後、58年にデビュー。73年よりニューヨークに移住し、ギル・エヴァンス、マイルス・デイヴィスらと共演。愛称は「Poo」。2015年没。

＊3　紀伊國屋　新宿東口にある紀伊國屋書店本店は、新宿駅から新宿高校や「ピットイン」への通り道にある。

＊4　ジョン・コルトレーン　1926年生まれのサックス奏者。海軍の軍楽隊やリズム・アンド・ブルースの楽団に所属した後、55年にマイルス・デイヴィス・クインテットに参加。57年には初リーダー・アルバム『コルトレーン』をリリース、同年『ブルー・トレイン』で評価を確立した。65年ごろからは、モダン・ジャズの構成、調性、リズムなどを解体するフリー・ジャズ的傾向が強まった。66年に来日し、翌67年没。

＊5　セロニアス・モンク　1917年生まれ。ジャズ・ピアニスト。大胆な不協和音の多用、リズムを強調した打楽器的な演奏など、きわめて個性的なスタイルで知られる。『ブリリアント・コーナーズ』『モンクス・ミュージック』『ミステリオーソ』など、50年代を中心に数々の名作を残した。「ラウンド・ミッドナイト」の作曲者としても有名。82年没。

＊6　エリック・ドルフィー　1928年生まれのジャズ・ミュージシャン。アルト・サックス、バス・クラリネット、フルート奏者。チャールズ・ミンガス楽団やジョン・コルトレーンのグループで活躍した。無調的な即興など、フリー・ジャズに近いスタイルを持っていたという評価もある。代表作に『アット・ザ・ファイヴ・スポット』(61)など。64年、36歳で死去。

＊7　アート・アンサンブル・オブ・シカゴ　フリー・ジャズのグループ。シカゴ前衛派のミュージシャンによる組織、AACMで出会ったメンバーが60年代後半に結成した。サックスやトランペットなどのほか、太鼓、ベル、音の出る玩具など、さまざまな「楽器」を持ち替えながら即興を行う特異なスタイルで聴衆に衝撃を与えた。アフリカをイメージした独特の衣装、ブルースやアフリカ音楽を採り入れたジャンル横断性も特徴。

＊8　山下洋輔　1942年生まれ。ジャズ・ピアニスト。フリー・ジャズ・ムーブメントの中心人物の一

人。麻布高校在学中にデビュー。国立音大作曲科を卒業後、山下洋輔トリオを結成。モントルー、ニューポートなどのジャズ・フェスティバルで圧倒的な支持を受ける。83年にトリオを解散、以後はオーケストラや和太鼓と共演するなど活動の幅を広げた。著書に『ピアニストを笑え!』『ドバラダ門』など。

＊9　小泉文夫　1927年生まれ。民族音楽学者。東京大学在学中から民族音楽に関心を持ち、卒業後は大学院と出版社に籍を置いて、研究をしながら音楽関係の出版物の編集に携わる。57年にインドに留学して現地の音楽を調査。59年からは東京芸大で民族音楽を講じる。以後、調査のため40カ国以上を訪れ、各地で録音した音楽をラジオやテレビで広く紹介した。83年没。

＊10　三善晃　1933年生まれ。作曲家。自由学園で3歳より音楽を学び、小学校入学後に平井康三郎に作曲とヴァイオリンを師事。東大仏文科在籍中の53年に、日本音楽コンクール作曲部門で入賞する。翌54年には尾高賞、文化庁芸術祭奨励賞を受賞。55年よりパリ音楽院に留学し、アンリ・シャラン、レイモン・ガロワ＝モンブランに師事し、アンリ・デュティーユの影響も受ける。代表作に「ヴァイオリン協奏曲」「響紋」など。桐朋学園大学学長、東京文化会館館長なども務めた。2013年没。

＊11　房総の施設　館山寮のこと。1923年に遊泳練習のための寄宿舎、塩見朝陽舎として建てられた。ここで夏に行われる「臨海教室」は、学校創立当初からの伝統行事。

＊12　ブルー・コメッツ　1960年代後半から70年代にかけて人気を集めたグループ・サウンズのひとつ。正式名称は「ジャッキー吉川とブルー・コメッツ」。67年の「ブルー・シャトウ」は150万枚を売り上げ、日本レコード大賞を受賞した。2001年10月に再結成。

＊13　日大　父で編集者の坂本一亀は、日本大学文学部の出身。

＊14　池辺晋一郎　1943年生まれ。作曲家。東京芸大音楽学部作曲科卒、同大学院修士課程修了。音楽之友社作曲賞、国際エミー賞優秀賞、日本アカデミー賞最優秀音楽賞、尾高賞など受賞多数。『影武者』『夢』『八月の狂詩曲』などの映画音楽でも活躍している。著書に『音のいい残したもの』『オーケストラの読みかた』など。

7　67、68、69

——高校生のころ・2

ガールフレンド

中学までは世田谷の田舎でのんびり暮らしていて、女の子ともほとんど縁がなかったんですが、高校に入ってからはガールフレンドができました。

高校1年の秋ぐらいだったと思いますが、ぼくのことを好きになった上級生がいました。1つ上の学年の、変わった人だった。当時のぼくにとっては1つ上といっても大したことで、なんだか恋愛対象としては見られないなあ、と思っていたら、自殺してしまったんです。すごくショックでした。その突然の死のことは今でもたまに思い出します。

初めてガールフレンドらしきものができたのは、2年生のときです。相手は同じ新宿高校の、初々《ういうい》しい新入生。2人でよく公園に行きました。そのころちょうど、新宿中央公園ができた。それまでは、淀橋《よどばし》浄水場というのがあったところです。高層ビルの建築が始まるころで、あちこちでさかんに工事をしていた。そんな新宿西口に、よく行きました。

彼女とは半年か1年か、それくらいはつきあっていたと思うんですが、どうして別れたのかはよく覚えていません。いやなことは忘れてしまう性質《たち》なんです。きっと彼女の方が、ぼくみたいな強引な人間とつきあうのに疲れちゃったんじゃないかと思います。

高校3年になると、都立竹早高校［＊1］の生徒がうちの学校にやってきました。校舎の建て替えをするというので、その間だけ新宿高校に間借りをするような形でした。竹早はもともとは女子高ですから、当然女の子が多い。これはうれしかった。それから、文京区の高校なので、世田谷や新宿よりも都心っぽいというか下町っぽいというか、生徒たちがちょっと大人びている感じがしました。そういう校風もいいなあ、なんて思っていました。

「ウィーン」暮らし

3年生のころには、もうあまり授業には出なくなっていて、たいてい学校の近くの名曲喫茶「ウィーン」にいました。朝、「行ってくる」と家を出て、いきなり「ウィーン」に直行。そこでお弁当を食べて、出たい授業があれば出て、また「ウィーン」に戻ってきて、夕方までそこにいる。そんな調子です。

「ウィーン」は、学生運動の連中のたまり場で、決してきれいとは言えない喫茶店でした。2軒先には「風月堂」[＊2]という有名な店があって、前衛っぽい左翼詩人や絵描きが集ったりしていたんですが、そっちの雰囲気はなんとなくバカにしていて、ぼくたちが行くのはバンカラな「ウィーン」でした。

学校から近いので、竹早の女の子たちもよく来ていて、いい感じの交流があった。その中の一人と仲良くなったりしました。一緒に映画を観に行ったり、本の話をしたり。島尾敏雄《としお》[＊3]の話なんかをしたのを覚えています。「ウィーン」に集まってくるような女の子たちは、ちょっと難しくて暗い話が好きだったりするんですよ。

だいたい、女の子をナンパする時には政治の話をする。「いまベトナムではこんなことが起こっている。きみはどう思う?」なんて訊《たず》ねると、「戦争はよくないと思うわ」という流れになって、「そうだろ、じゃあ明日のデモに一緒に行こう」ということで連れて行く。デモでは、機動隊に殴られたりしないように、女の子を隊列の真ん中に寄せてやさしく守ってあげるんです。

赤いほうがカッコいい

デモには1年生のころから行っていたと思います。入学して間もなく、ジャズ喫茶通いをしていたころに、砂川の闘争で怪我《けが》をして頭に包帯をして帰ってきた先輩がいて「スティーヴ・マックイーンみたいでかっこいい！」なんて憧《あこが》れて、自分もやってみたいと思った。それで社研［＊4］に出入りするようになりました。入ってみると、なんだか目つきの悪い先輩がたくさんいて、難しそうなものを読んでいる。ぼくもまねをして読みました。最初に読んだのはマルクスの『経済学・哲学草稿』だったかな。それから、レーニンの『帝国主義論』。面白かったかというと、正直よくわからなかった。もちろん、『共産党宣言』も読みました。

あとで知ったんですが、新宿高校の社研は、中核派［＊5］の拠点で、伝統的に反戦高協［＊6］が強かった。67年ごろから、つまりぼくらの世代ぐらいからは、ブント［＊7］もぼちぼち出始めてきた。最初は何もわからなくて高協の白いヘルメットをかぶっていましたが、そのうちに、なんかちょっと違うな、ブントの赤いヘルメットの方がカッコいいなと思った。カッコは大事なんです。

1年生の秋、67年の10月に羽田の闘争［＊8］で京大生の山崎さんが死んだころから、全国的にもりあがっていったんですね。その後、68年1月のエンプラ［＊9］とか、その年の10・21［＊10］の新宿駅。それから、69年1月の18日、19日［＊11］の東大安田講堂。あの2日間は本郷からお茶の水まで、まるで戦場のような路上を走り回ってました。

新宿高校でのストライキ

3年生の秋ごろ、新宿高校でストライキをやりました。69年の秋ですから、当時としては遅い方なんですが。安保条約とかベトナム戦争とか、そういう一般的な問題ではなくて、ローカルな、学校の個別課題に関しての運動でした。たしか具体的な要求を7項目、学校に突きつけました。制服制帽の廃止、すべての試験の廃止、通信簿の廃止、等々。

「人が人を評価できるはずがない、ましてや人を数字で評価してはならない」というのが主張の中心でした。それは、試験で生徒をランク付けして大学に送り出していく、という教育の仕組み自体を否定することになります。学校制度の解体ですね。もちろん先生たちは困ります。何らかの評価をしないと、生徒を大学に進学させられない。試験を強行しようとする先生がいると、ぼくらは教室を回って答案用紙を破り捨てた

新宿高校校舎の前でアジ演説中　1969年秋

りしていた。

授業は自分たちでやりました。今起きていることこそが世界史だ、と言って、ベトナムやパリで起きていることについて討論をしたり、フッサールを読んで現象学的還元をかじったり。しかし、よくやりましたね、今考えると。

3年生のときは親友の塩崎くんも馬場くんも同級生で、クラスの結束が固かった。ストライキは4週間も続いたんですが、ぼくらのクラスは同級生がみんな最後までついてきてくれました。結局、生徒と教師で話し合いをしようということになり、ストライキは終わったんですが、先生たちは真摯《しんし》に話し合ってくれて、制服制帽も試験も本当になくなってしまいました。

バリケード封鎖した高校の中で、ヘルメットをかぶったまま、坂本がドビュッシーを弾いていた、なんていう噂《うわさ》もありますが、よく覚えていません。もし、そんなことをしたとすれば間違いなく、モテようと思ってのことでしょうね。

吉本、埴谷《はにや》、ゴダール

本は中学生ぐらいからずいぶんあれこれ読んでいたんですが、社研の先輩の影響もあって、高校に入ってまもなく吉本隆明《たかあき》［*12］と埴谷雄高《ゆたか》［*13］を読むようになりました。吉本はまず『擬制の終焉《しゅうえん》』から。埴谷は『虚空《こくう》』からですね。

埴谷雄高さんは父の〝グル〟だった人ですから、小さいころからよく名前を耳にしていて、先輩の口からその名前が出たときに、ああ、あの埴谷さんのことなんだ、と少し不思議な感じがしました。読んでみたらすごく面白くて、未來社から出ていた評論集を次々に読んでいきました。代表作の『死霊』を読み出すのは少しあとなんですが、こっちはぜんぜんわからなかった。登場人物の名前の読み方さえよくわからない。父に訊《き》けばいいんでしょうが、何しろ父とは目もあわせられないような関係でしたから。

そのほかによく読んだのは、安部《あべ》公房とか大江健三郎《けんざぶろう》。安部公房は高校に講演に来たことがあって、話がすごく面白くて印象に残りました。さすが医学部出身は話が科学的だなあ、と思った。

大江健三郎は、初期の作品からずっと読んでいました。とくに印象に残っているのは、『芽むしり仔《こ》撃ち』、『性的人間』、『セヴンティーン』あたり。フランス語をそのまま日本語に訳したような文章がとにかくカッコよかったし、過激で前衛的なところに憧れた。なんていうか、大江を読むと、何か新しいものを見ているという感じがしました。

映画もずいぶん観《み》ました。まずは、御多分に漏れずというか、高倉健さんの出るヤクザ映画。新宿の仲通りに昭和館という映画館があって、そこで毎週3本立ての上映があるんです。『緋牡丹《ひぼたん》博徒』とか、そういうのを毎週欠かさず観ていました。新宿通り沿いには日活名画座があって、ジェームス・ディーンが出てくるような古い名画を安く観られた。150円ぐらいだったでしょうか。それから、ATG［＊14］系の新宿文化という映画館には同時代のものを観に通いました。記憶に残っているのは、パゾリーニ、トリュフォー、ゴダール［＊15］、フェリーニ、日本のものでは、松本俊夫《としお》、吉田喜重《よししげ》、大島渚などなど。

いちばん好きだったのは、なんといってもゴダールです。高1のときに『気狂《きちが》いピエロ』を観たのが最初で、それ以降のものはほぼリアルタイムで観ています。『中国女』、『ウイークエンド』、『東風』。『中国女』は5月革命より前の作品なのに、それを完全に予言していて、興奮しました。すごくポップで、色彩もカッコよかった。

この時期以降のゴダール作品は、メタ映画というか、映画という形式自体を問い直したり解体したりする傾向がだんだん強くなっていく。『プラウダ』、『東風』などはまさにそうです。言うまでもなく、それは映画の傾向に限ったことではなくて、社会全体の流れだったのだと思います。音楽の世界でも同じようなことが起こっていました。ジョン・ケージに影響を受けた、次の世代のアメリカの作曲家たちの音楽にも、ゴダールに通じるところがありました。

ぼくは小さいころから、バッハやドビュッシーを経て西洋音楽の流れを辿《たど》ってきたわけですが、高校に入るころには戦後の現代音楽も聴くようになり、やがて同時代の音楽に出合った。作曲されたばかりの音楽に触れるというのは、とても刺激的なことでした。

そして、それはつまり、自分がそれまで追いかけてきた西洋音楽の時間と、自分の生きている時代が交わる瞬間でもあった。60年代後半というポイントで、2つが交わったんです。

＊1　都立竹早高校　文京区小石川にある高校。1900年、東京府第二高等女学校として設立され、学制改革にともなって48年に都立第二女子新制高等学校となる。翌49年から男女共学。山下達郎はOB。

＊2　風月堂　通称「フーゲツ」。1946年開店の名曲喫茶。当初はクラシックの聴けるふつうの喫茶店だったが、60年代後半から左翼活動家や警察・公安関係者が集まるようになり、一般の客足は遠のいた。73年に閉店。

＊3　島尾敏雄　1917年生まれの小説家。神奈川県出身。九州大学卒業後、海軍震洋特攻隊の隊長として奄美群島加計呂麻島へ赴任。戦後、島の旧家の娘・大平ミホと結婚するが、敏雄の浮気の露見からミホは精神を病んでしまう。その後の壮絶な日々を題材とした長篇小説『死の棘』はベストセラーとなり、映画化

もされた。86年没。

＊4　社研　社会科学研究会の略称。マルクス主義研究のサークル。多くの大学で学生運動の拠点となっていたが、高校に社研があることはまれ。

＊5　中核派　「革命的共産主義者同盟全国委員会」の通称。60年代後半に共産主義者同盟、社青同解放派とともに反代々木系全学連（三派全学連）の指導的党派となり、羽田、エンプラ、新宿騒乱などの一連の街頭武装闘争と、全共闘による全国の大学闘争において、中心的な役割を果たした。なお「中核派」の通称は「革共同全国委」から分派した「革共同革マル派」に対して革共同内中心勢力を意味して付けられたもの。

＊6　反戦高協　中核派系の高校生を実体とした反戦運動組織で、「反戦高校生協議会」の略称。大学生が主体となった１９６０年代末の全共闘運動に触発されて活発化した高校生による反戦運動の牽引役となったグループ。

＊7　ブント（Bund）　「共産主義者同盟」。社会主義学生同盟（社学同）を前身とし、日本共産党から除名された学生党員を中心に１９５８年に創設された。「ブント」は同盟を意味するドイツ語、Bund のドイツ語読みだが、「ブンド」という場合もある。60年の安保闘争では全学連による反対運動を領導したがその後分裂、66年に再建された第２次ブントは60年代末期の全共闘系の運動において、中核派、社青同解放派などとともに、中心勢力をなした。当時、ブント系の活動家部隊はデモなどの際に赤いヘルメットをかぶったことから「赤ヘル軍団」などとも呼ばれた。

＊8　羽田の闘争　１９６７年10月８日、当時の佐藤栄作首相が南ベトナム（当時）を訪問するのに反対する反共産党系の三派全学連は、「佐藤訪ベト阻止！」をかかげて羽田空港周辺に集結、ヘルメットと角材で武装して警備する機動隊と実力で渡り合った。乱闘のさなか、京都大学の学生だった山崎博昭氏が死亡したこと、また学生たちの攻撃的な闘争スタイルは反体制社会運動のその後の展開に大きな影響を与えた。

＊9　エンプラ　アメリカの原子力空母「エンタープライズ」の略称。１９６８年１月19日、ベトナム戦争に就役中だった「エンプラ」が長崎県の佐世保港に入港した際、「ベトナム反戦・エンプラ阻止」を掲げる三派全学連の学生たちと警備に当たる機動隊がはげしい実力対決を繰りひろげ、多数の負傷者・逮捕者を出し

た。新左翼学生運動のその後の盛り上がりに決定的な影響を与える闘争となった。

＊10　10・21　1968年10月21日の国際反戦デーでは、ベトナム戦争反対を叫ぶ三派全学連の学生を中心に、防衛庁と新宿ではげしい街頭武装闘争が展開され、米軍基地へのジェット燃料輸送列車が通過する新宿駅周辺での学生と機動隊との深夜にまでおよぶ乱闘では、騒乱罪が適用される事態にいたった。

＊11　69年1月18日、19日　1968年1月に東大医学部の学生がインターン制度に代わる「登録医」制度に反対してはじめた闘争が大学全体の改革を求める全学規模にひろがり、やがて大学のあり方そのものを根本から問う闘争へと発展、全国学園闘争のシンボルとなった。安田講堂はじめほぼ全学を占拠した学生を排除するため、大学当局の要請にしたがって69年1月18日早朝から機動隊による実力排除作戦がはじまったが、学生たちのはげしい抵抗にあい、安田講堂では翌19日夕刻まで学生と機動隊の攻防戦が続いた。東大は69年の入学試験を中止した。

＊12　吉本隆明　1924年生まれの評論家、思想家。東京都生まれ。東京工業大学卒。いくつかの中小企業に勤務し、組合運動が原因で退職。56年、武井昭夫との共著『文学者の戦争責任』が反響を呼ぶ。転向問題、政治問題を追及し、60年安保では全学連主流派と共闘。著作集はバイブル視された。代表作に『言語にとって美とはなにか』『共同幻想論』『ハイ・イメージ論』など。2012年没。

＊13　埴谷雄高　1909年生まれの小説家、評論家。台湾生まれ。日大除籍後、31年に共産党に入党、32年に検挙され、獄中生活を送る。翌33年に転向、出獄。45年に平野謙らと『近代文学』を創刊し、代表作『死霊』を連載。70年に『闇のなかの黒い馬』で谷崎賞、76年には『死霊』全5章で日本文学大賞を受賞。スターリニズム批判の先駆的存在として、学生運動にも大きな影響を与えた。97年没。

＊14　ATG　日本アート・シアター・ギルドの略称。非商業主義的な芸術作品の制作・配給を積極的に行い、映画雑誌『アートシアター』を発行した。1992年に活動停止。新宿文化での67〜69年の上映作品は『華氏451』（トリュフォー）、『ベトナムから遠く離れて』（マルケルほか）、『男性・女性』（ゴダール）、『さらば夏の光』（吉田喜重）、『新宿泥棒日記』（大島渚）、『火の馬』（パラジャーノフ）、『薔薇の葬列』（松本俊夫）など。

＊15　ジャン＝リュック・ゴダール　1930年パリ生まれ。映画監督。52年から映画評論誌『カイエ・デュ・シネマ』に寄稿。まもなく短編映画を撮り始め、60年、フランソワ・トリュフォーの協力で書かれたシナリオをもとに制作した『勝手にしやがれ』が反響を呼び、以後ヌーヴェル・ヴァーグの代表的監督として活躍。他の作品に『軽蔑』『勝手に逃げろ／人生』『ゴダールの映画史』など。

8　2つの流れの交わるところ
——高校生のころ・3

はじめての現代音楽

ドビュッシーに出合ったのが中学生のときで、いわゆる現代音楽を聴き始めたのはそのあとなんですが、実は小学校4、5年のときに一度、母に連れられて、かなり前衛的なコンサートに行ったことがあります。場所はたしか草月ホール、高橋悠治や一柳慧《とし》の音楽を聴きました。

休憩時間にトイレに行ったら、大人の人に話しかけられたのを覚えています。「ぼく、こういう音楽わかるの？」と訊かれて、緊張してどう言ったらいいのかわからず、「わかります」と答えました。本当は、もちろんわかっていなかった。でも、そのコンサートにはたしかにすごい衝撃を受けたんですよ。ぼくの中に、何かが深く突き刺さってしまった。

そのとき演奏されたのは、たとえば高橋悠治さんがピアノの中に野球のボールをぽんと投げ入れ、するとボールがぽんぽんと転がり音がするというもの。それから、目覚まし時計をピアノの中に入れて鳴らしたり。

ぼくはまだ10歳かそこらで、それまでバッハとかモーツァルトしか聴いていなかったわけですから、とにかくびっくりしました。「これ、音楽なの？」「へえ、こんなんでもいいんだ！」と思った。

その後まもなく作曲の勉強を始め、中学に入るとベートーヴェンが好きになり、やがてドビュッシーに出合う。このときのことはすでにお話ししましたが、叔父のレコード・コレクションの中にあった弦楽四重奏曲を聴いて衝撃を受け、すっかり興奮して、自分はドビュッシーの生まれ変わりなんじゃないかと思ったり。

それから、ラヴェル［＊1］、ストラヴィンスキー［＊2］、シェーンベルク［＊3］、バルトーク［＊4］、と少しずつ新しいものに手を伸ばすようになります。メシアン［＊5］、ブーレーズ［＊6］、シュトックハウゼン［＊7］、ベリオ［＊8］。中学から高校にかけて、わりとアカデミックな路線の現代音楽をひととおり聴いていった感じですね。そして、同じ線上にある日本の作曲家、たとえば、三善晃《みよしあきら》、矢代《やしろ》秋雄、湯浅譲二、そして武満《たけみつ》徹《とおる》、みんな当時現役で曲を書いていた人たちですが、彼らの音楽もよく聴きました。

ケージとミニマル

その一方で、ジョン・ケージの音楽にも出合ってしまった。たぶん高1か高2のころ、音楽雑誌か何かで知って聴き始めたんだと思います。それまでの現代音楽が、非常に複雑な理論に基づいて曲を構築していくものだったのに対し、ケージは偶然性を大胆に採り入れた。サイコロを振って、その目に従って曲を作ってしまったりもする。それはヨーロッパ音楽の系譜からは大きく外れたものでした。ぼくが作曲の先生のところで毎週勉強していた音楽とも、もちろん相容《い》れない。そういうものに出合ったインパクトは本当に大きかったし、それは現在も続いています。いま考えてみると、小学生のころに行ったその演奏会ですでに、ケージに通じるような音楽（あるいはケージの作品も演奏されていたのかもしれません）に触れてはいたわけですが。

ケージに興味を持つようになり、現代音楽の情報をあれこれチェックしているうちに、アメリカの現代音楽のコンサートが東京で行われていることを知りました。たしか、アメリカ大使館が主催していたように思います。大きなホールではなく、オフィスビルのような建物の一室で行われる小さな演奏会に、何度か通いました。そんな音楽を聴く友人はいなかったので、ひとりで。本当に「とれたて」という感じの、そのときの生の、実験音楽が聴けました。

当時は、ジョン・ケージの次の世代、ケージの子どもたちと呼べるような作曲家たちが出てきたころでした。スティーヴ・ライヒ［＊9］、フィリップ・グラス［＊10］、テリー・ライリー［＊11］など、いわゆるミニマル・ミュージックの作曲家ですが、彼らが「新進作曲家」という感じだった。コンサートでは、日本人が演奏することもあれば、作曲家本人が演奏したこともあったと思います。ライリーは本人が演奏していたような気がするのですが、もしかすると映像だったのかもしれない。記憶がちょっとはっきりしません。

ミニマルと呼ばれるぐらいですから、彼らの作品には構造らしい構造がなく、変化に乏しい音が、延々と続きます。ベートーヴェンのころから百数十年続いてきた西洋音楽の一つの流れがデッドエンドに来て、今こういうものが生まれているんだ、ということが実感できました。

3人の中で、ぼくにとっていちばん強烈だったのは、テリー・ライリー。インド音楽の影響を受けていて、オルガンをダダダーッと弾く姿が印象的だった。音色やハーモニーがかっこいいな、と思ったのはスティーヴ・ライヒなんですが、ライリーの方がインパクトが強かった。フィリップ・グラスはなんだか退屈な感じがした。

それから、同じくミニマル・ミュージックの音楽家として注目されていたラ・モンテ・ヤング［＊12］という人もいました。彼の音楽自体はあんまりよくわからなかったんですが、コンセプトはかっこいいんですよ。彼もインドの音楽や哲学の影響を受けていて、ウォ〜ン、っていうドローン（長音）が流れる中で、1日24時間以上の周期で生活していたりする。生活自体が作品。なんでも、今もニューヨークでそうやって暮らしているそうですよ。60年代からずっと。すごいですよね。

彼らやケージの音楽は、コンセプチュアル・アート［＊13］に近いところがあります。イヴェントとかパフォーマンスとか呼ばれていたものにも近い。そのなかでぼくが好きな作品は、コンサート会場に蝶を放つ、ヤングの作品。ドアは開けてあって、蝶がひらひら舞いながら、ドアから出て行ったら終わり、というもの。ぼくも文字で読んだだけで、体験したことはないんですが、とても音楽的だと思います。

「非ヨーロッパ」の力

ケージが禅や易学に強い影響をうけていることはよく知られていますし、ミニマル・ミュージックの作曲家たちも、アジア的、非ヨーロッパ的な音楽や思想に深い関心を持ち、作品にもそれが反映されていました。ヨーロッパ的な知や文化への疑問は、自然な成り行きとして、ヨーロッパ以外の文化圏に対する関心につながっていくわけですね。

50年代からアメリカの文化的エリートが形成した、いわゆるビート・ジェネレーション［＊14］の人々を経由しての間接的影響もあったのだと思いますが、彼らの多くは実際に現地に足を運んでアジアやアフリカの音楽に触れています。たとえばライヒはガーナで調査や研究をしていましたし、ライリーはたびたびインドを訪れています。

西洋音楽に非ヨーロッパ圏の音楽が影響を及ぼすということは、実はこの時代に初めて起こったことではありません。１８８９年のパリ万博［＊15］で、ドビュッシーはインドネシアのガムラン音楽［＊16］にはじめて触れ、大きな影響を受けたんです。

インドネシア人たちがヨーロッパの地で初めてガムランを演奏したそのときに、ドビュッシーはそれを聴いて、強い衝撃を受けた。そして、ベートーヴェン以後の作曲家が書いてきたような、堅牢《けんろう》な建築のような音楽ではなく、海や雲などを題材にとった浮遊的な音楽を書き始めました。20世紀西洋音楽の祖であるドビュッシーは、アジアの音楽に啓発されてああいう音楽を生み出したんです。

アジアの音楽がフランスまで行ってドビュッシーにインスピレーションを与え、それがまわりまわって、時間と空間を超えて、アジアの、中学生だったぼくの心を捉《とら》えた、ということになりますね。そして、高校生のぼくを興奮させたミニマル・ミュージックも、アジアやアフリカの音楽とつながっている。根っこはつながっていますね。

解体の時代

小学校のときに夢中になったバッハから始まって、ベートーヴェン、ドビュッシー、そしていわゆる現代音楽と時代を逐《お》うように聴いてきた西洋音楽は、60年代末の時点で、自分にとって同時代の音楽になっていました。西洋音楽史と個人史がクロスして、気がつけば作曲の現場と同じ時間の中にいた。それは、音楽家たちの問題意識が、自分自身の問題意識と重なりあうようになったということでもあります。

このころは高校生活の終盤で、ぼくは学校や社会の制度を解体するような運動に身を投じていたわけですが、同時代の作曲家たちも、既存の音楽の制度や構造を極端な形で解体しようとしていた。西洋音楽はもう行き詰まってしまった、われわれは、従来の音楽でブロックされた耳を解放しなければいけない、そんなことをぼくは考えていました。「解体の時代」でした。

そういう思いが自分の音楽として具体的な形をとっていくのはまだ少し先のことですが、問題意識自体は、今とあまり変わらないものを持っていたように思います。いまのぼくと、一直線につながっている。坂本龍一の原型は、このころすでにできあがっていたのかも知れません。

＊1　**モーリス・ラヴェル**　フランスの作曲家（1875‐1937）。ドビュッシーと並ぶ、印象派の代表的作曲家。作品に「ダフニスとクロエ」「水の戯れ」など。

＊2　**イーゴリ・ストラヴィンスキー**　ロシアの作曲家（1882‐1971）。新古典主義の作曲家として知られるが、後期にはシェーンベルクの12音技法を採り入れた作品も残している。作品に「火の鳥」「春の祭典」など。

＊3　**アルノルト・シェーンベルク**　オーストリアの作曲家（1874‐1951）。長調／短調の調性を放棄し、オクターブを構成する12音を完全に平等に扱う12音技法を導入して、西洋音楽の流れに決定的な影響を与えた。作品に「浄められた夜」など。

＊4　**バルトーク・ベーラ**　ハンガリーの作曲家（1881‐1945）。民族音楽の研究に携わり、「ハンガリー音楽」の確立を目指した。12音技法など当時の最新のヨーロッパ音楽の動向も採り入れ、無調的な作品も残しているが、後年はより明快な和声に回帰。ナチス支配の進むヨーロッパを離れ、晩年はニューヨークで活躍した。

＊5　**オリヴィエ・メシアン**　フランスの作曲家（1908‐92）。坂本龍一によれば、「ドビュッシーと戦後音楽の橋渡しをした、重要な作曲家」。パリ音楽院ではブーレーズやシュトックハウゼンを指導した。神学者、鳥類学者としても知られる。作品に「世の終わりのための四重奏曲」など。

＊6　**ピエール・ブーレーズ**　フランスの作曲家（1925‐2016）。12音技法をさらに推し進め、音の高さ・長さ・強さ・音色をすべてセリー（音列）として処理する「セリー・アンテグラル」の手法を導入。ケージとも親交があり、複雑な構造に偶然性も採り入れた「管理された偶然性」を提唱。

＊7　カールハインツ・シュトックハウゼン　1928年生まれのドイツの作曲家。メシアンに師事してセリー音楽を学んだのち、独自のセリー理論を確立。電子音楽の創始者でもある。2007年没。

＊8　ルチアーノ・ベリオ　1925年生まれのイタリアの作曲家。19歳のときに右腕を負傷、演奏家の道を断念して作曲家を志す。セリー技法にも関心を示したが、電子音楽の分野での活躍が特に知られている。代表作に「シンフォニア」など。2003年没。

＊9　スティーヴ・ライヒ　アメリカの作曲家（1936-）。初期の代表作「イッツ・ゴナ・レイン」（65）は、2本の同一のテープを微妙にテンポをずらして同時再生することで、微妙なずれからリズムや旋律が浮き上がってくるというもの。他の作品に、ガーナの民族音楽を採り入れた「ドラミング」（71）、ヴィデオ・オペラ「ザ・ケイヴ」（93）など。テクノやエレクトロニカのミュージシャンにも大きな影響を与えている。

＊10　フィリップ・グラス　アメリカの作曲家（1937-）。代表作に「浜辺のアインシュタイン」など。規則的にパターンを加算しながら反復していく初期作品の構造には、インド音楽の影響が大きい。ミニマル・ミュージックの代表的作曲家の一人とされているが、グラス自身は「ミニマル・ミュージックという言葉は75年までの作品にのみ有効」と語っている。

＊11　テリー・ライリー　アメリカの作曲家（1935-）。初期の代表作「In C」（64）は、ピアノによるC音がパルス音として流れる中、任意の数の演奏者が、あらかじめ与えられた53のモジュールを、任意の数だけ反復する合奏曲。シュトックハウゼンの影響が大きく、即興性と不確定性を重視している。

＊12　ラ・モンテ・ヤング　アメリカの作曲家（1935-）。シュトックハウゼン、ヴェーベルンらの音楽のほか、グレゴリオ聖歌、インド古典音楽、ガムランなどに強い影響を受けている。ドローンを用いたミニマリズム的な作品のほか、フルクサス色の強いパフォーマンス的な作品も多い。ここで言及されているのは「蝶を放て」（60）。

＊13　コンセプチュアル・アート　概念芸術。作品の本質を、物体としてではなく、概念として捉える芸術。60年代から70年代にかけてさかんに制作された。文字や記号による非物質的表現が一般的だが、作品の形態は幅広い。物体としての作品のみを芸術と考えた、同時期のミニマル・アートとは対照的。「芸術とは何

か？」という60年代的な問い直しの一形態。

＊14　ビート・ジェネレーション　第２次大戦後に成人し、因習的な社会と訣別してドラッグ、フリー・セックス、東洋思想への傾倒など奇抜な行動に走った世代。ジャック・ケルアック、アレン・ギンズバーグ、ウィリアム・バロウズらの作家がその精神的支柱だった。

＊15　パリ万博　１８８９年のパリ万博は、フランス革命１００周年を記念して開催され、それにあわせてエッフェル塔が建設された。

＊16　ガムラン音楽　おもにインドネシアで発達してきた、伝統的な打楽器の合奏音楽。５音音階で調律された金属製の打楽器を用いる。

2

1970-1977

9　日比谷野音のこと、武満《たけみつ》さんのこと
——大学生のころ・1

「解体するため」の進学

高校生活とともに60年代が終わり、ぼくは1970年に芸大に入学しました。高校ではバリケードを張って教育制度の解体を叫んでいたくせに、結局ふつうに入試を受けて、大学に入った。理屈としては「解体するために」入学したんですが。

一緒に運動をしていた戦友たちも結局ほとんどは大学に進みましたが、ひとまず受験はせずに浪人したやつも多かった。塩崎くんも一浪してから東大へ行きました。ストレートで国立大学に入ったぼくは当然総スカンで、高校時代の友人とはだいぶ疎遠《そえん》になりました。

入学試験は難しくありませんでした。一般教科の筆記試験もありましたが、芸大の場合はそちらはおまけみたいなもので、重視されるのは実技。作曲科の試験なので、

実技は作曲です。かなり長い時間教室に閉じこもって、出されたテーマに従って曲を作ります。予《あらかじ》め曲を作っておいてそれをこっそり持っていくような人もいるらしいんですが、問題はその都度出されるので、やっぱりその場で曲を作る能力がないとうまくいかないでしょう。

たしか、最初は和声の試験、3時間。それから1日おいて、対位法の試験。これは、5時間かけてフーガを作ります。それからまた1日おいて、今度はピアノソナタ、7時間。そういう試験だったと思います。ぼくは、チャッチャッと、すぐにできてしまって、一番先に席を立ちました。嫌な感じですよね。

戦場と花園

当時、作曲科の生徒は1学年20人でした。そのうち、半分ぐらいが女子。器楽科も女子が多くて、音楽学部は全体として乙女の花園という感じです。音楽を勉強するには小さいころからかなりお金がかかるので、お金持ちのお嬢さんが多い。男子も、どちらかというとお坊ちゃんぽいやつが多い。おっとりした雰囲気なんです。

もちろん、ぼくはぜんぜんそういうタイプではなかった。長髪でジーパンをはいて、なんだか怖い顔をして、大学なんて壊すために入ったんだ、とか言っているわけですから、完全に浮いていました。

芸大のある台東区は、民青［*1］も強かったですし、キャンパスを一歩出ればまだ激動の世の中だった。でも芸大の、とくに音楽学部に足を踏み入れると、そこは世の動乱とはかけ離れた花園のような世界でした。ずっと動乱の側にいたぼくは、「何だこれは？」と本当にびっくりしました。戦場から帰ってきたような気分だった。そこでひと暴れしてやろうという気もなくして、呆《あき》れて何も言えないという感じでした。

上野の駅から上野公園を突っ切って歩いていくと、右に芸大の音楽学部、左に美術学部があるんです。ぼくは入学して早々に、右側、つまり花園のような音楽学部の方にはほとんど行かなくなり、左側の美術学部に入り浸るようになりました。美術の方には変なやつが多くて、すぐにみんなと友だちになりました。油絵科なのに暗黒舞踏をやっているやつとか、編み物しかやってないやつとか。美術の方にはロックバンドもたくさんありました。音楽学部にはひとつもなかった。ジョン・レノンやデヴィッド・ボウイもそうですし、アート・スクール出身のミュージシャンというのは、けっこう多いんですね。

大学に入って、運動をしなくなったというわけではありません。ぼくが入学した70

大学１年のころ

年は、赤軍派によるハイジャック［＊2］があった年で、70年安保［＊3］をめぐって大きな集会もあった。ぼくは美術学部の学生を引き連れてよくデモに行きました。入学してすぐにリーダー格になって、デモを指揮した。生意気で元気がよかったんです。

芸大での運動は、なにか具体的な課題があってのものではありませんでした。舞踏をやっている友人に、そのままヘルメットをかぶせて連れてくる、というような調子でしたから、デモに行くことは芸術運動の延長みたいな感じだった。今考えると、かわいいものでしたね。でも、ご存じのように、70年、71年、72年、と、闘争の性質はだんだん厳しいものになってきて、72年ぐらいが大衆動員の最後ではないでしょうか。そのころにはもう、集まろうというような雰囲気ではなくなってしまっていました。

日比谷野音

コンサートにはよく行きました。いわゆる現代音楽的なものは必ず聴きに行っていたし、ロックのコンサートにもしょっちゅう行っていた。

とくに思い出深いのは野音です。当時、日比谷の野音［＊4］ではほとんど毎週のように無料のコンサートをやっていて、フラワー・トラベリン・バンド［＊5］なんかが出ていた。70年当時の「人民の音楽」であったロックを、無料で聴かせるコンサート。

それはまさに、人民に音楽を解放する試みとも言えます。まずそのことに、ぼくはとても共感していました。

それから、ロック・コンサートの音というのは、曲として聴くと、現代音楽の耳にはかなり単純なものですが、音響として聴くととても面白かったんです。アンプというテクノロジーを使って、小さな音がすごく大きな音に拡大されている。聴衆は、いわば顕微鏡的な空間に入っていくわけです。これはとてもジョン・ケージ的な音響空間です。ロックは音楽にノイズを持ち込んだというのも重要な点です。これも、ロックのジョン・ケージ的な側面です。ロックが持っていた、顕微鏡的な性質とノイズの導入、それは後にエレクトロニカ［＊6］に受け継がれ、今に至っている。

頭の中ではそんなことも考えつつ、ギリシアの直接民主制を思わせるような円形の音楽堂でロックを聴くのは、すごく気持ちのいいことでした。音響的にも面白いし、発想自体も解放的だし、これに比べたら、芸大で現代音楽をやるなんて白衣を着て実験をしているみたいなものだ、こっちのほうがずっといい、と思いました。

武満さんのこと

やがて、大学があまりに退屈だったこともあって、演劇関係の友人たちと新宿のゴールデン街［＊7］によく行くようになりました。しばらく通ううちに、ちょっと過激派くずれの、音楽好きの連中と仲良くなりました。

彼らとは「資本主義に管理された音楽を解放しよう！」とか「中国の人民解放軍にならって、ぼくらも音楽で労働者に奉仕しよう！」とか、そんなことを言いながら飲んでいました。その流れで、「武満徹［＊8］って、邦楽器なんか使っちゃって、ちょっと右っぽいんじゃない？」「よし、批判しよう」という話になり、ガリ版でビラを作って刷って、武満さんの演奏会の会場まで撒《ま》きに行きました。

会場は、最初が上野、その次がどこか野外でした。しつこく2回目のビラ撒きをしているぼくのところに、武満さんご本人が現れた。ぼくは「あなたは〝和〟を作品に使ったりして、どういうことですか？」とか、いろいろと文句を言いました。武満さんはちゃんと話を聞いてくれて、かれこれ30分は立ち話をした。とても印象深い話ができて、ぼくはひきこまれて、とても感動してしまった。

武満さんとは、それからまた何年か後に、お会いする機会がありました。新宿のバーだったと思います。武満さんの方がぼくを見つけて「あの時の、ビラの君だね」なんて声をかけてくれた。しかも、ぼくが書いた現代音楽風の作品をどこかで聴いてくださっていたようなんです。「分散・境界・砂」という小難しい題名の曲があって、高橋アキさん［＊9］が弾いてくれたものなんですが、たぶんその曲だったと思います。「君の曲を聴いたけど、君は耳がいいね」なんてお褒めの言葉をいただいて、うれしかった。

それからまた10年以上経《た》って、こんどはロンドンでお会いする機会がありました。ぼくの友人のデヴィッド・シルヴィアン［＊10］が、何かの縁で武満さんと知り合いになっていたんです。ぼくがロンドンにいるときにデヴィッドから電話があって「明日タケミツと会うんだけど、一緒に会わない？」と言われた。ぼくはびっくりして、もちろん会うと答え、3人でランチをすることになりました。

そのときはぼくももう『戦場のメリークリスマス』［＊11］など映画の仕事もしていたので、おもに映画音楽についてあれこれお話しをしました。武満さんもぼくも小津が大好きなんですが、1点だけ気に食わないことがあるということで意見が一致した。小津の映画はすばらしいけれど、音楽がひどいと。それで、いつか2人で小津の映画の音楽を全部書き換えちゃおう、と気炎を上げました。デヴィッドと武満さんと3人で、何か音楽を作ろう、という話で盛り上がった。その後、武満さんは病気になられて、結局そのときお会いしたのが最後になってしまったんですが。ぼくが先に帰る時、店の外まで出てきて、元気よく手をふっておられた姿が忘れられません。

ビラの話ばかりがよく知られているようですが、ぼくにとっての武満さんは、そういう思い出とともに心に残っています。

いま思うと、子どもが好きな子にいたずらをするみたいな気持ちで、ぼくはビラを撒いていたのかも知れません。わざわざビラを作って撒きに行くなんて、そんな面倒なことは、特別な情熱がなければしないですからね。ラブレターのようなものだったのでしょう。武満さんは、最初からそれをわかって受け入れてくれていたのかも知れません。

＊1　**民青**　「日本民主青年同盟」の略称で、日本共産党の指導下にある青年構成員による全国的な大衆運動組織。当時の規約上は15歳から25歳までの日本国民が同盟員になる資格を持つ。坂本龍一の高校生時代と前後する1970年ごろが全盛期で、同盟員は20万人いたといわれる。

＊2　**ハイジャック**　1970年3月31日早朝、東京・羽田発福岡行きの乗員・乗客138人を乗せた日航機「よど号」が、日本刀や爆弾を所持した共産主義者同盟赤軍派の活動家9人によってハイジャックされ、北朝鮮の平壌空港に向かうことを要求され、曲折を経て4月3日に要求通り赤軍派の9人を北朝鮮当局に引き渡した。日本初のハイジャック事件。

＊3　**70年安保**　1960年6月に批准された日米安全保障条約が10年後に期限切れとなる機を とらえて、安保条約の廃棄を実現するべく67年ごろから72年まで、おもに新左翼諸党派と全共闘などを中心にした行動主義的学生たちによって担われた反体制的政治闘争の総称。しかし、条約は自動延長され、国会での日米安保論議は盛り上がらなかった。

＊4　日比谷の野音　正式名称は「日比谷公園大音楽堂」。日比谷公園内にある野外音楽堂。初代の音楽堂は1923年、現在のものは83年に完成した。収容人数3053人。

＊5　フラワー・トラベリン・バンド　1970年結成の日本のバンド。プロデュースを担当した内田裕也のアイディアで曲はすべて英語だった。東洋的な旋律と高い演奏力で人気となり、カナダとアメリカでも活躍。73年に解散。

＊6　エレクトロニカ　テクノ・ミュージックをはじめ、ハウス、アンビエント、トランス、ドラムンベース、インダストリアル等、さまざまに分類される電子音楽群を総称する呼称。

＊7　ゴールデン街　東京・新宿にある飲食店街。花園神社と隣接し、木造の長屋に小さな飲食店が並ぶ。作家、記者、編集者が集まることで有名。

＊8　武満徹　1930年生まれの作曲家。ほぼ独学で作曲を学ぶ。「2つのレント」(50)でデビュー、51年に湯浅譲二らと芸術グループ「実験工房」を結成する。欧米の前衛音楽の手法を採り入れながら、独自の音楽世界を確立し、日本の作曲家として最も評価の高い一人となる。『怪談』(64、小林正樹監督)、『沈黙SILENCE』(71、篠田正浩監督)、『乱』(85、黒澤明監督)などで映画音楽も手がけ、音楽についての著書も多い。代表作として「ノヴェンバー・ステップス」(67)がしばしば挙げられる。96年没。

＊9　高橋アキ　1944年生まれ。ピアニスト。作曲家でピアニストの高橋悠治の妹。芸大大学院在籍中に武満徹の作品を演奏してデビュー。現代音楽を中心に国内外で活躍。代表作に『エリック・サティピアノ音楽全集』や、坂本龍一ら世界の作曲家にビートルズ・ナンバーを主題とする作品を委嘱した『ハイパー・ビートルズ』など。

＊10　デヴィッド・シルヴィアン　1958年生まれ。イギリスのミュージシャン。74年に「ジャパン」を結成、78年にアルバム『果てしなき反抗』でデビュー。解散後も充実したソロ・アルバムを多数リリースし、2006年には新バンド「ナイン・ホーセス」を結成。坂本龍一とのコラボレーション多数。

＊11　戦場のメリークリスマス　1983年に公開された映画。大島渚監督作品。日本、英国、オーストラリア、ニュージーランド合作。坂本龍一は音楽を担当したほか、ヨノイ大尉役で俳優として出演した。

10 民族音楽、電子音楽、そして結婚
――大学生のころ・2

三善晃さん

日本の作曲家の中で、武満徹さんと並んでとくにすごい人だと尊敬していた三善晃さんは、当時はまだ芸大でも教えていらっしゃいました。三善さんは武満さんとはまたタイプの違う、パリのコンセルヴァトワール（国立高等音楽院）という、アカデミックな音楽の最高峰ともいうべき学校に50年代に留学していた人で、高度なメチエ［＊1］に基づいた緻密《ちみつ》な作風で知られています。

ぼくは小学生のころから松本民之助先生に師事していたので、大学に入ってからも自動的に松本先生のゼミに振り分けられて、三善先生の授業には出たくても出られずにいたんですが、4年生になって「行ってもいいよ」と言われ、三善先生の授業に行かせてもらいました。大学にはほとんど来ない方で、学生をご自宅に招いての授業で

した。

先生は「君は、形というものはどうやって認識できると思う？」と実存主義のような質問をしました。ぼくが埴谷雄高《はにやゆたか》や吉本隆明で読んだようなことを答えると、「色彩がないと、認識できないんだ」という。色彩があって初めてフォルムが認識できると。つまり、婉曲《えんきょく》なかたちでぼくの曲には色彩がないといわれたんですが、先生のおっしゃることには説得力があって、なるほどなあと思った。ぼくはすでにアカデミックな現代音楽とは別のものに魅力を感じていたけれど、三善先生が経てきたような厳密で論理的な鍛錬の向こう側には、それに見合う自由な世界があるのだろう、とも想像していました。

ぼくは不真面目《ふまじめ》な学生で、三善先生の授業には結局その一度しか出なかったんですが、最初で最後のその授業のことは、強く印象に残っています。

音楽学者になる？

大学に入ったときにはっきり心に決めていたのは、「とにかく民族音楽と電子音楽は学び倒してやろう」ということでした。ぼくは不遜《ふそん》な小僧でしたから「西洋音楽はもうデッドエンドだ、この先に発展はない」と思っていた。発展があるのなら勉強して進んでいけばいいけれど、もう袋小路だとしたら、西洋音楽以外のものに目を向けるしかない。外側を見ていかなくてはいけない。

そういうわけで、芸大では小泉文夫先生の民族音楽学の授業に出ることに決めていました。表向きは大学解体なんて言っていましたが、大学に入って小泉先生の講義を受けられるのを楽しみにしていたんです。

小泉先生の授業には、欠かさず出席しました。先生は1年の3分の1ぐらいは世界各地でフィールドワークをしていて、ジャングルの奥地にも分け入って先住民族の音楽を収集し、それを授業で聴かせてくれる。お宅に遊びに行くと、すごい数の民族楽器があって、もちろんちゃんと音も出る状態になっていて、小さな博物館のようでした。

先生は、世界中を飛び回って、音楽だけでなく各地の言語もすぐに習得して、しかも都会的で洗練された人でした。とにかくかっこいいんです。3年生で専攻を変えられる機会があったんですが、ぼくは小泉先生にすっかり憧《あこが》れて、作曲専攻はやめて音楽学者になろうかと真剣に悩んだぐらいです。やっぱり無理だな、という結論に至りましたが。

先生はインド音楽を入り口にして民族音楽の研究を進めていった人ですが、ビートルズもインド音楽に影響を受けています[＊2]。でもビートルズの場合には、インド音楽をいわばアクセサリー的に使っていた。遠いところにある文化を、飾りとして使っているだけ。このころのぼくはもう、そんなの冗談じゃない、気持ちが悪いと思っていた。インドの音楽には、たかだか500年ぐらいのヨーロッパ音楽とは比べ物にならないくらいの、長い実践と理論の伝統があります。アラブ音楽しかり。もちろん、ヨーロッパにも近代ヨーロッパの音楽以前にはアジア的段階が存在していたということなんですが。

いずれにしても、西洋音楽が袋小路に来ていると感じていたぼくには、民族音楽というのは切実に魅力的なものでしたし、小泉文夫先生から得たインパクトは大きなものでした。

それから、芸大の授業で意外に良かったのが4年のときに必修で仕方なく取った体育の授業。「野口体操」で有名な野口三千三さん[＊3]が先生だったんです。「人の体は水の入った袋なんだ」というおもしろい考え方に基づく体操を提唱しているんですが、ぼくは妙にこの授業がしっくり来て、成績もよかった。呼吸についての考え方や、体の力の抜き方など、演奏の上でもけっこう役に立っているかも知れない。

それから、美術学部に高松次郎さん[＊4]が来た時には、ニセ学生としてセミナーに勝手に出ていました。「ワイヤーで作品を作れ」と言われて、何か作ったりして。専攻していた作曲の授業にはほとんど出ないくせに、興味のあることにはどんどん首をつっこんでいたんですね。

作曲とコンピューター

民族音楽と並んですごく興味を持っていたのは、電子音楽でした。とくに、電子音楽の先駆者の一人であるクセナキス［*5］という作曲家の音楽に、ぼくは強く惹《ひ》かれていた。作曲に数学的な手法、群論や統計学などを取り入れ、コンピューターを使って複雑な計算をしながら曲を作っていくんです。

いまのようにパソコンがあれば、簡単でしょうが、当時はもちろんそういうものはありませんでした。それで、コンピューターのある東大工学部のある研究室を、突然訪ねて行きました。

そこにあったコンピューターは、パンチカードという穴の開いた紙を使って処理をするものでした。そのカードを何千枚も作って、コンピューターはやっとモーツァルトを演奏できたりするんですが、それが呆《あき》れるほど単純な演奏で、まるで音楽になっていなかった。こりゃだめだ、まだまだ先は遠いんだな、と思って帰ってきました。

電子音楽に興味を持っていたのは、「西洋音楽は袋小路に入ってしまった」ということのほかに、「人民のための音楽」というようなことも考えていたからなんです。つまり、特別な音楽教育を受けた人でなくても音楽的な喜びが得られるような、一種のゲーム理論的な作曲はできないものかと思っていた。作曲は誰でもできるはずだ、誰でもできるものでなくてはいけないはずだ、と思っていました。

そういう考えをもっと根気よく追求していれば、方法として形にすることができたのかも知れませんが、結局それは立ち消えになってしまいました。でもそういうアイディアや問題意識は、なんらかの形で今の自分の中にも残っているのかもしれない、と思います。

結婚し、労働者になる

大学3年の時、結婚しました。相手は同じ大学の油絵科の学生。ぼくより年上です。けっこう長いこと付き合って、子どもが生まれて、結婚して、でも何か相性が良くなくて、まもなく別れてしまいました。ぼくには家族に対する責任が生じて、生活費を稼がなくてはいけない、という状況になった。

まずは、労働者の仲間入りということで、地下鉄工事のアルバイトに行きました。

神田駅の工事でした。地下のすごく深いところで、重たい石や鉄骨を運ぶんです。1日9時間働いて、4500円ぐらいもらえたように思います。当時としてはかなりの額です。

一緒に働いている人たちが、なぜかみんなキックボクシングをやっていて、9時間働いたあとに全員でジムに行く。周りはそんな人ばかりだし、ぼくだけ長髪だし、長続きしなさそうに見えたのか、親方に「お前には向かない、辞めたほうがいい」と言われた。ぼくとしてはけっこうやる気はあったんですが、結局、3日で辞めることになりました。

次はもう少し楽なものをということで、ピアノが弾けますので、酒場のピアノ弾きをやりました。こちらは地下鉄工事よりもっと割が良かった。休憩を入れて4、5時間で、5000円ぐらいは稼げました。

今はもうなくなった店ですが、銀座7丁目の「銀巴里《ぎんパリ》」［*6］という店に時々呼ばれて、シャンソンの伴奏をしたこともあります。出る予定だったピアニストが突然出られなくなって穴が開くと、ぼくに連絡があるんです。たまに大トリで美輪明宏《あきひろ》さんが歌っていたりもしたんですが、ぼくはシャンソンなんていうものはまったく知らないので、譜面に書いてあるとおりに、棒読みならぬ棒弾きするだけ。演奏はひどいものだったと思いますが、たまに突然呼ばれて弾くだけですから、まあ気楽なものでした。

困るのは、弾いた曲が頭に残ってしまうこと。一度頭に入ってしまったものはなかなか出て行かないんです。「銀巴里」のほか、よそのバーでもピアノ弾きの仕事をしたんですが、弾く曲はシャンソンや映画音楽や、ポピュラーっぽいものばかり。それがどうしても頭から離れず、本当に困りました。

酔客相手にピアノを弾く仕事ばかりではなくて、美術学部の友人が関わっている劇団のために曲を書いたりすることも、入学当初からたびたびありました。そして、ロックやフォークのミュージシャンたちのレコーディングやライブの手伝いをしたり、やがて友部正人さん［*7］の全国ツアーに同行したりと、ミュージシャンとしての仕事も増えていきました。音楽が自分の本業だというような自覚は相変わらずまったくないまま、音楽の仕事は生活の中心になっていきました。

＊1　メチエ（métier）　職人や芸術家が身につけている、独特の手つき、専門的な技能、表現技法のこと。

＊2　ビートルズとインド音楽　1965年のアルバム『ラバー・ソウル』に収録されている「ノルウェーの森」では、ジョージ・ハリスンがインドの伝統的弦楽器シタールを演奏している。その後、メンバー4人

は次第にインドの音楽や思想に傾倒し、68年には妻や恋人を伴ってインドに渡り、マハリシ・マヘシ・ヨギのセミナーに参加した。

＊3　野口三千三　１９１４年生まれの体育学者。東京体育専門学校（現・筑波大学）助教授等を経て、78年より東京芸術大学教授。創造性を高めるため身体をニュートラルな状態にすることを目指し、柔らかさと滑らかさを重視する独自の体操「野口体操」を提唱した。98年没。

＊4　高松次郎　１９３６年東京都生まれの美術家。東京芸術大学で小磯良平に学ぶ。63年、赤瀬川原平、中西夏之と反芸術的な前衛美術集団「ハイレッド・センター」を結成し、さまざまな「ハプニング」で注目を集める。国内外の受賞多数。代表作に「影」シリーズ、著書に『世界拡大計画』『不在への問い』など。98年没。

＊5　ヤニス・クセナキス　１９２２年生まれのギリシア人作曲家。ルーマニア生まれ。アテネ工科大学で建築を学んだのち、第2次大戦中は反ナチスのレジスタンス運動に参加。47年に死刑を宣告されてパリに亡命する。ル・コルビュジエのもと建築家として働きながら、メシアンらに師事して作曲を学んだ。日本の作曲家・ピアニスト高橋悠治とも親交が深い。55年ごろからコンピューターを使って確率論的な手法に基づいた作曲を続け、85年にはペンとタブレットで描いた図形を音響に変換する作曲用コンピューター「ＵＰＩＣ」を開発した。２００１年没。

＊6　銀巴里　１９５１年開店の老舗シャンソニエ（シャンソン酒場）。90年12月の「さよならコンサート」最終夜には美輪明宏がステージに立った。

＊7　友部正人　１９５０年生まれのフォーク・シンガー、詩人。「日本のボブ・ディラン」と称される。坂本龍一は『誰もぼくの絵を描けないだろう』（75）等の作品にピアノで参加している。

11 舞台に上がり、旅に出る
——大学生のころ・3

黒テントと自由劇場

高校時代に出合って感銘を受けたジョン・ケージ、リアルタイムで聴いたテリー・ライリー、スティーヴ・ライヒ、フィリップ・グラス、それからラ・モンテ・ヤング。そういう音楽の話をできる友人は、芸大の音楽学部には誰もいませんでした。でも、美術学部の連中とはけっこう話が通じたんです。彼らは『美術手帖《てちょう》』なんかを読み漁《あさ》っていて、アンディ・ウォーホル［*1］やナム・ジュン・パイクはもちろん、同時代の前衛芸術のことをとてもよく知っていて、その延長でライヒなどの音楽も普通に知っている。自然な成り行きとして、ぼくはすっかり美術学部の方に入り浸るようになっていました。

制度の解体とか、コンセプチュアル・アートとかが叫ばれていた時代ですから、美術学部とはいってもごく普通の絵画を真面目《まじめ》に描いているなんていう学生はほとんどいませんでした。20人のうち1人いるかいないかぐらい。へえ、きみ絵を描いてるんだ、とバカにされてしまうほどでした。いろんなことをやっている学生がいましたが、舞踏や演劇をやっていた者も多くて、その影響でぼくも当時のアングラ演劇を見に行くようになりました。黒テント［＊2］とか、自由劇場［＊3］とかに。黒テントで音響を担当していた学生と仲良くなって、そのうちにぼくも手伝うようになったり。

もともと、演劇に縁がなかったわけでもありません。母が帽子のデザイナーで、劇団に頼まれて徹夜で帽子を作ったりしているのを、小さいころからよく見ていました。新劇では、赤毛もの［＊4］をやるときには帽子を被《かぶ》るのが普通でしたから。母に連れられて芝居を見に行くことも、ときどきありました。文学座が多かったように思います。だから、演劇の雰囲気というのをまったく知らなかったわけではない。高校で前衛演劇の演出をしたことはともかく。

友だちを介して自由劇場での公演にも関わりました。参加している人たちがみんな面白い人ばかりで、そういう人たちと一緒にものがつくれるのはとても楽しかった。ステージに立ったこともあります。作・演出は、まだ一般的に有名になる前の串田和美《くしだかずよし》さん［＊5］。吉田日出子《よしだ》さん［＊6］とか柄本明《えもと》さん［＊7］とか佐藤B作さん［＊8］とか、みんな友だちでした。一度公演があれば、2週間や3週間はずっとそれにかかりきりですから、大学に行ってる暇なんてまったくありませんでした。

当時のアングラ演劇では、役者をやりながらミュージシャンもやっているというような人も珍しくなかった。演劇の中でも音楽がふんだんに使われていたし、演劇と音楽は、かなりシンクロしていました。

友部正人さん

演劇関係の人たちと一緒に新宿のゴールデン街に出入りするようになって、そこでミュージシャンの知り合いもできました。このころ、人間関係は一気に広がっていった。そんな中で、友部正人さんと出会いました。ある日、ゴールデン街で飲んでいるときに、たまたま友部さんが入ってきてぼくの隣に座ったんです。

ぼくはフォークなんて聴かないから、友部さんのことも知りませんでした。そもそも、それまでぼくは、フォークは嫌いだったんですね。知らなかったし。知らないで嫌いというのも変なんですが、あのなんだかべ平連［＊9］っぽい感じがとても嫌だった。新宿西口で毎週土曜日にやっていたフォーク大会、あれがとにかく嫌いで、歌っているやつの胸ぐらをつかんで「やめろ」とか言って回っていたぐらいです。「そんなチャラチャラした音楽で革命ができるか」とか言って。そんな調子ですから、フォークは嫌いで聴かなかったんだけど、たまたま隣に座った友部さんと話してみたら、すごく面白かった。「現代詩の詩人みたいだな」と思った。すっかり意気投合して盛り上がって、明日レコーディングがあるから来てくれないかと言われた。スタジオでレコーディングをするということ自体、ぼくにとって初めての経験でした。

友部さんはもうレコードも出していて有名だったらしいんですが、ぼくは全然知らなかった。そもそもボブ・ディラン［*10］もよく知りませんでしたので、友部さんが和製ボブ・ディランだということもわからず、面白い歌い方で面白い詩だなあ、なんて思っていました。これにどういうピアノ伴奏をつけたらいいかなと、自分なりにいろいろ考えて弾いてみたら、友部さんがそれをとても気に入ってくれた。「一緒にコンサートをやって日本中をまわろう」という。ぼくは「どうせ暇だからいいよ」なんて答えて、本当に半年ぐらい日本中のライブハウスを回ったんです。

ぼくは東京以外の日本を知らずに育ったので、地方を見て歩くというのはとても新鮮でした。どういう事情なのか、フォークは大阪や京都で盛んだったので、関西に行く機会が多かった。現地のミュージシャンとも知り合いになって、西と東の違いを感じたりもした。西には東にはないエネルギーがあると思いました。友部さんとのツア

友部さんと全国をまわっていたころ

ーは、あのころ人気のあった「俺たち」シリーズ［＊11］のドラマみたいな感じで、本当に面白かった。

アメリカ音楽の水源

その後、フォーク系の知り合いも増えました。高田渡さん［＊12］をはじめ、東京のフォーク人は当時吉祥寺近辺に集まっていたんですが、その辺りの人たちとも親しくなった。ぼくがそれまで聴いていた音楽のジャンルからいったら、フォーク人脈が広がっていくというのはほとんどありえない展開なんですが。民族音楽にとても興味をもっていましたので、そういう聴き方をしていたというところもあると思います。フォーク・ミュージックの中には、アイルランドやスコットランドの音楽がアメリカで変化したもの、それに南部の黒人音楽の要素も入っているんですね。カントリーとか、ヒルビリー［＊13］とか。だから、彼らはアメリカのフォークを真似《まね》しているつもりでも、そういう様々な音楽が渾然《こんぜん》となったものを真似していることになる。ハーモニカにしても、ギターの弾き方にしてもそうなんです。自衛隊がどうのとか、歌詞にはあまり興味がなかったのですが、突っ込んでフォークを追求しはじめた彼らの音楽からは、アメリカ音楽の水源のようなものが聴こえていた。

その後、友部さんとの演奏を聴きに来てくれた人から声がかかったりして、音楽の仕事が忙しくなってきました。いわゆるミュージシャンになっていったわけですね、いつの間にか。でもミュージシャンとしての自覚は全然ありませんでした。「明日ちょっと来てピアノ弾いてくれよ」って頼まれて「ああ、いいよ」と弾きに行く。ずっとバイト気分のまま。YMOが始まるまではずっとそんな感じでした。本業が何なのか、中途半端《はんぱ》なまま。子どものころから「職業につきたくない」と思っていたぐらいですから、そういう状態は望むところだったのかもしれません。

学生生活の終わり

友部さんとのツアーのときには、もう大学院生でした。大学院に進んだのは、社会の中で何かに所属するということが想像できず、いいかげんな学生の身分のままでいたかったから。作曲の理想に燃えて勉強を続けたかったからではありません。当時はひとり暮らしをしてみたり、あるいはその時付き合っている彼女の部屋に住みついてみたり。部屋に楽器はなくて、スタジオとか、ステージとか、行った場所にあるものを弾く。そんな生活でした。大学時代も学校にはほとんど行きませんでしたが、大学院の授業には本当に全く出なかった。

大学院には4年間いられると思っていたんですが、ある日先生に呼ばれて「お願いだから3年で出てくれ」と言われた。何もやっていない大学院生を置いておくのは大学にとっても無駄だし負担だということで、先生も教授会で批判されるらしいんですね。何か作品を提出すれば修了できるということだったので、1曲書いて、大学院を出ることになりました。

「何でもいいから」と言われたんですが、ぼくとしてはそれなりにまじめに書きました。10分か15分の、ちょっとしたオーケストラの曲［＊14］です。実は後年、芸大の先輩にあたる黛敏郎《まゆずみとしろう》さん［＊15］が譜面をごらんになる機会があって気に入ってくださったようで、テレビ番組「題名のない音楽会」で演奏されることになったんです。YMOも解散したあと、80年代前半のことです。それまで誰も演奏してくれたことはなくて、そのときが初演でした。実際にオーケストラの音を聴いてみて「うん、これはほぼ想像したとおりの音だ」と思いました。

その曲を書いて大学院を出たのは1977年。学位は、なんでしょうね。なんとか修士のはずですが、証書もどこへいったかわからないし、何の修士なのかわかりません。25歳のときですから、もうバリバリに仕事をしていたころです。世間的にはまだ無名でしたが、ミュージシャンの仲間内ではだいぶ知られるようになっていたと思います。

そしてその翌年、78年に、ＹＭＯに参加することになります。

＊1　**アンディ・ウォーホル**　１９２８年アメリカ・ペンシルバニア生まれのアーティスト。キャンベル・スープ、マリリン・モンロー、マイケル・ジャクソンなど、メディア上に氾濫するイメージをクールに反復するシルクスクリーン作品で60年代までにポップ・アートを代表するアーティストとなる。87年没。

＊2　**黒テント**　「演劇センター68」を前身とした前衛演劇の団体が「劇団黒テント」。斎藤晴彦、佐藤信、山元清多らが当時の中心メンバー。当初、六本木の自由劇場で上演していたが、70年から黒テントでの移動公演を開始。劇場の枠を超えた演劇を試みる。２００５年に東京・神楽坂の「theatre iwato」を拠点とした活動を開始した。

＊3　**自由劇場**　串田和美らが１９６６年に立ち上げた前衛演劇の劇団および劇場。のちに「オンシアター自由劇場」と改称。

＊4　**赤毛もの**　演劇で、西洋の題材を扱った作品。

＊5　**串田和美**　１９４２年東京都生まれ。演出家、俳優。俳優座養成所、文学座を経て、66年に佐藤信らと劇団自由劇場を結成、六本木で小劇場を設立。79年初演の『上海バンスキング』が紀伊國屋演劇賞団体賞を受賞。85年よりBunkamuraシアターコクーン芸術監督。２０００年より日本大学芸術学部教授、03年よりまつもと市民芸術館館長兼芸術監督。映画『突入せよ！　あさま山荘事件』(02)、『誰も知らない』(04)等に出演。

＊6　**吉田日出子**　１９４４年石川県生まれ。女優。俳優座養成所を経て、66年に文学座『山襞』でデビュー。同年、自由劇場結成に参加。『上海バンスキング』で人気を集める。89年『社葬』で日本アカデミー賞助演女優賞受賞。『男はつらいよ　寅次郎の告白』(91)、『ピーター・グリーナウェイの枕草子』(96)、『ＯＵ

T』（02）、『日本沈没』（06）等、映画出演も多数。
＊7　柄本明　1948年東京都生まれ。俳優。高校卒業後、商社勤務、大道具のアルバイト等を経て74年に自由劇場に参加。76年に退団し、ベンガル、綾田俊樹らと劇団東京乾電池を結成。舞台、映画、テレビドラマ等、出演作多数。『カンゾー先生』（98）で日本アカデミー賞最優秀主演男優賞ほか、2004年に『座頭市』などで毎日映画コンクール男優助演賞を受賞。
＊8　佐藤B作　1949年福島県生まれ。俳優。自由劇場の研究生をへて73年に劇団東京ヴォードヴィルショーを結成。86年に演出も手がけた『吉ちゃんの黄色いカバン』で紀伊國屋演劇賞個人賞受賞。
＊9　べ平連　「ベトナムに平和を！市民連合」の略称。1965年に小田実・鶴見俊輔・開高健らを中心に結成され、街頭デモ・反戦広告などの反戦運動を展開した。74年に解散。
＊10　ボブ・ディラン　1941年生まれのアメリカのミュージシャン・詩人。フォーク・シンガー、ソングライター、ギター・ハーモニカ奏者。特に60年代のカウンター・カルチャーに大きな影響を与えた。
＊11　「俺たち」シリーズ　「俺たちの旅」「俺たちの朝」「俺たちの祭」は、1975年から78年にかけて日本テレビで放映された、青春ドラマシリーズ。「旅」「祭」は中村雅俊、「朝」は勝野洋が主演。
＊12　高田渡　1949年生まれのフォーク・シンガー。60年代末は主に京都で、70年代からは東京に拠点を移して活動。細野晴臣や友部正人とも親交が深かった。HASYMOのツアーメンバーであるスティール・ギタリスト、高田漣の父。2005年没。
＊13　ヒルビリー　アメリカのカントリー音楽の一種。もともとはアメリカ南部、アパラチア山脈地方の田舎者を指した言葉。なお「ロカビリー」は、ヒルビリーとロックが融合したもの。
＊14　オーケストラの曲　「反復と旋」のこと。「題名のない音楽会」で1984年に初演された。
＊15　黛敏郎　1929年生まれ。45年に東京音楽学校（現・東京芸術大学）に入学し、伊福部昭に師事。51年に研究科を修了し、パリ音楽院に留学。53年に帰国し、團伊玖磨、芥川也寸志とともに「三人の会」を結成。ミュジーク・コンクレート（録音された音を加工・編集した音楽）、電子音楽、プリペアド・ピアノなど、最先端の現代音楽を日本に持ち込んだ。オペラ、オラトリオ、映画音楽も多数手がけ、テレビ番組「題

名のない音楽会」の司会や日本音楽著作権協会会長も務めた。作品に「金閣寺」「涅槃交響曲」「BUGAKU（舞楽）」など。97年没。

12　同じ言葉を持つ人たち
――YMO前夜・1

演劇人脈と音楽人脈

ぼくが大学院を卒業したのは1977年のことですが、そのころまでには、音楽関係の仕事もずいぶん多くなっていました。すでにお話ししたとおり、小劇場で音楽を担当して、劇団の人たちと親しく付き合うようになったことが、音楽に携わる人たちとの出会いを広げてくれました。

当時、ぼくが特に深く関わっていたのが串田和美さんたちが立ち上げた自由劇場で、若き日の吉田日出子さん、柄本明さん、佐藤B作さんもそこで活躍していた。みんな、本当にぴかぴか光り輝いていました。芝居作りの現場で長い時間を一緒に過ごして、彼らとはとても親しくなりました。

ある日、吉田日出子さんが「うちにギタリストがいるんだけど、会ってみる？」という。当時付き合っていた彼を紹介してくれたんです。実はそれが、鈴木茂さん［＊1］でした。

とりあえず誘われるままにお宅にお邪魔したら、ぼくと同じぐらいの年ごろの、ハンサムで寡黙《かもく》な青年がいて、解散したはっぴいえんど［＊2］というバンドのギタリストだという。でもぼくは、恥ずかしながら、鈴木茂はおろかはっぴいえんどというバンドの存在も知りませんでした。でも、話をしてみて、ああ、とても音楽的な探究心のある人だなあと思いました。自分は芸大で作曲をやっていて譜面も読めるから、ガーシュウィンなんかを偉そうにばんばん弾いて聴かせたりした記憶があります。

自由劇場自体がいわゆる小劇場ですが、その下にはもっと小さな、サブ小劇場みたいなものがあって、ぼくはその手伝いもしていました。音楽を書いたり、生で演奏したり。ほかの芸大生を連れてきて、ただ同然で手伝わせたりもしていた。

そんな中で特に仲良くなったのが、朝比奈《あさひな》尚行《なおゆき》さん［＊3］という人でした。彼は自由劇場のみんなと活動するほかに、自分の劇団も主宰していた。そして彼の弟が、ぼくと同じく芸大の学生でした。弟の逸人さんは油絵科の学生でしたが、ギターがほんとうに上手《うま》かった。ジャンル的には、ぼくが毛嫌いしていたフォークなんですけど。

彼の周りには、高田渡さんをはじめ、吉祥寺あたりを中心に活動するフォーク・ミユージシャンたちがたくさんいて、それは日本の最良のフォーク人脈そのものでした。日本のフォークの歌詞にはうんざりしていたぼくですが、すでにお話ししたように、彼らの音楽からは、アメリカのフォーク・ミュージックを経由して、その水源であるアイルランド、スコットランドの音楽や黒人音楽が聴こえていた。民族音楽に傾倒していたぼくにはそれがとても面白かったし、彼らの情熱にも圧倒されました。

その吉祥寺フォーク人脈の中心人物のひとりに串田光弘さんという人がいて、武蔵野《むさしの》タンポポ団というグループをオーガナイズしていたんですが、彼のお兄さんが和美さん、つまり自由劇場の中心人物の串田さんなんです。音楽人と演劇人は、そんなふうにいろいろなところで繫《つな》がっていました。

吉祥寺のちょっと奥のほうには、串田兄弟のお宅があって、遊びに行くと縁側に、彼らのお父さん、つまり哲学者の串田孫一さん［＊4］が座っていたりしました。

70年代の中央線文化

考えてみると、当時は中央線沿線の町にいることが多かったですね。高円寺、阿佐《あさ》ケ谷《や》、吉祥寺、三鷹《みたか》、国分寺。中央線沿線はフォークの中心地でしたが、その一方で、有機栽培の店とか、整体、ヨガ、合気道の情報なんかも集まっていた。国立で、日本のヒッピーである「部族」の人々に会ったり。部族の創始者である山尾三省さん［＊5］には、屋久島《やくしま》で、三省さんが亡《な》くなる少し前にお会いしました。

70年代に入り、新左翼運動がつぶれてしばらくして、みんな新しい出口を探していたんだと思います。ヤマギシ会［＊6］のようなものができたり、日本の環境運動が生まれたのもあのころかもしれない。そういうニューエイジ的な動きの中心になっていたのが、中央線沿線でしたよね。

ぼくもそういう動きに関心はあったけれど、政治に負けたからといって、じゃあ有機農法だとか部族だとか、そっちに行っちゃうのは負け犬だと思ったりもして、あまり近寄りませんでした。

いずれにしても、当時の中央線沿線には、音楽や、演劇や、そういう新しい運動や、いろいろなものがごちゃまぜになって混在していました。あのあたりには、今でもその名残がありますね。

山下達郎くん

そんなふうに人脈が広がってきたころ、山下達郎くん［＊7］に出会いました。たしか荻窪《おぎくぼ》ロフトで初めて会って、音楽関係の共通の友人もいて、親しくなりました。

山下くんの音楽は、ぼくが日比谷の野音などで聴いていたロックやブルースとはぜんぜん違うもので、とても驚きました。言ってみれば、ものすごく洗練されていて複雑なんです。ハーモニーも、リズムの組み合わせも、アレンジも。とくにハーモニーという面では、ぼくの音楽のルーツになっているドビュッシーやラヴェルなんかのフランス音楽とも通じるところがある。

こっちは一応音大に、実際にはほとんど行ってないですけど、まあとにかく行って、何年もかけて勉強したのに、ロックやらポップスやらをやっているやつが、どこでこんな高度なハーモニーを覚えたんだ、どういうことだ、と思いました。

それはもちろん独学で、耳と記憶で習得したわけです。山下くんの場合はアメリカン・ポップスから、音楽理論的なものの大半を吸収していたんだと思います。そして、そうやって身についたものが、理論的にも非常に正確なんですよ。彼がもし違う道を選んで、仮に現代音楽をやったりしていたら、かなり面白い作曲家になっていたんじゃないかと思います。

もちろん、複雑なハーモニーのことを突っ込んで話せる相手なんてお互いそういませんでしたから、2人はすぐに意気投合しました。

山下くんのレコーディングに参加するようになってしばらくして、はっぴいえんどのヴォーカリストで、山下くんの師匠ともいうべき、大瀧詠一《おおたき》さん［＊8］に紹介されました。

同じ言葉を持つ人たち

大瀧さんともすぐに仲良くなり、福生《ふっさ》にある大瀧さんのスタジオ、というのはお風《ふ》呂《ろ》場《ば》なんですが、そこでレコーディング［＊9］をしたのが、75年から76年にかけてのことです。そこに、細野晴臣さんが現れた。それが細野さんとの初対面でした。このころにはもう、はっぴいえんどのことはぼくも知っていて、細野さんのソロ・アルバムも聴いていました。

細野さんと出会った時に感じたことは、山下くんの時とよく似ています。ぼくは細野さんの音楽を聴いて「この人は当然、ぼくが昔から聴いて影響を受けてきた、ドビュッシーやラヴェルやストラヴィンスキーのような音楽を全部わかった上で、こういう音楽をやっているんだろう」と思っていたんです。影響と思われる要素が、随所に見られましたから。でも、実際に会って訊《き》いてみたら、そんなものはほとんど知らないという。たとえばラヴェルだったら、ボレロなら聴いたことがあるけど、という程度。

YMO結成のころ

ぼくがやったようなやり方で、系統立てて勉強することで音楽の知識や感覚を身につけていくというのは、まあ簡単というか、わかりやすい。階段を登っていけばいいわけですから。でも細野さんは、そういう勉強をしてきたわけでもないのに、ちゃんとその核心をわがものにしている。いったいどうなっているのか、わかりませんでした。耳がいいとしか言いようがないわけですけれど。

もう一人、同じような驚きを感じたのが矢野顕子《あきこ》さん〔*10〕です。彼女の音楽を聴いたときも、高度な理論を知った上であいう音楽をやっているんだろうと思ったのに、訊いてみると、やっぱり理論なんて全然知らない。

つまり、ぼくが系統立ててつかんできた言語と、彼らが独学で得た言語というのは、ほとんど同じ言葉だったんです。勉強の仕方は違っていても。だから、ぼくらは出会ったときには、もう最初から、同じ言葉でしゃべることができた。これはすごいぞと思いました。

そして、だんだん確信を持って感じるようになったのは、ポップ・ミュージックというのは、相当おもしろい音楽なんだということです。

日本中から集めても500人いるかどうかというような聴衆を相手に、実験室で白衣を着て作っているような音楽を聴かせる、それが当時ぼくが持っていた現代音楽のイメージでした。それよりも、もっとたくさんの聴衆とコミュニケーションしながら作っていける、こっちの音楽の方が良い。しかも、クラシックや現代音楽と比べて、レベルが低いわけではまったくない。むしろ、かなりレベルが高いんだと。ドビュッシーの弦楽四重奏曲はとてもすばらしい音楽だけど、あっちはすばらしくて、細野晴臣の音楽はそれには劣るのかというと、まったくそんなことはない。そんなすごい音楽を、ポップスというフィールドの中で作っているというのは、相当に面白いことなんだと、ぼくははっきりと感じるようになっていました。

＊1　**鈴木茂**　1951年生まれのミュージシャン。69年に細野晴臣、大瀧詠一、松本隆とともに「バレンタイン・ブルー」(のちの「はっぴいえんど」)を結成、ギター、ヴォーカルを担当。72年にはっぴいえんどが解散すると、翌年、細野晴臣、松任谷正隆、林立夫とともに「キャラメル・ママ」(74年に「ティン・パン・アレー」に改名)で活動、荒井由実の『COBALT HOUR』にも参加。2000年には細野晴臣、林立夫と「ティン・パン」を結成した。

＊2　**はっぴいえんど**　細野晴臣、大瀧詠一、松本隆、鈴木茂によるロックバンド。1969年に「バレンタイン・ブルー」として結成され、のちに「はっぴいえんど」に改名。72年に解散。『はっぴいえんど』『風街ろまん』『HAPPY END』の3枚のオリジナル・アルバムをリリースし、「日本語ロック」の創始者としてその後のポップ・ミュージックに大きな影響を与えた。

＊3　**朝比奈尚行**　1948年神奈川県生まれ。音楽家、脚本家、俳優。自由劇場等で活動ののち、85年「時々自動」創設。現在は「あさひ7オユキ」の名前で活動。

＊4　串田孫一　1915年東京都生まれ。哲学者、詩人、随筆家。登山愛好家としても知られ、58年に山の芸術誌『アルプ』を創刊。父は元三菱銀行会長の串田万蔵、長男は演出家・俳優の串田和美、次男はグラフィック・デザイナー串田光弘。2005年没。

＊5　山尾三省　1938年東京都生まれの詩人。早稲田大学第一文学部西洋哲学科中退。67年よりコミューン「部族」を創始し、73年に家族とともにインド・ネパールを巡礼。77年より屋久島在住。詩人ゲイリー・スナイダーとも親交が深かった。著書に『聖老人』『島の日々』『屋久島のウパニシャッド』等。2001年没。

＊6　ヤマギシ会　山岸巳代蔵が創始した日本最大のコミューン団体。正式名称は「幸福会ヤマギシ会」。1953年に発足、「自然と人為の調和を基調とした理想社会」を目指し共同生活を行う。70年代に学園闘争経験者が加わって急拡大し、循環型社会のモデルとしても注目される一方、98年には「ヤマギシズム学園」での人権侵害の疑いが浮上した。

＊7　山下達郎　1953年東京都生まれのシンガー・ソングライター。東京都立竹早高校出身。73年に大貫妙子らとシュガー・ベイブを結成。76年3月、大瀧詠一、伊藤銀次と『Niagara Triangle Vol.1』をリリース。12月に『CIRCUS TOWN』でソロデビュー。以後、アレンジャー、プロデューサー、ソングライターとして幅広く活躍。

＊8　大瀧詠一　1948年岩手県生まれのシンガー・ソングライター、作曲家、アレンジャー、音楽プロデューサー。通称「福生の仙人」。「はっぴいえんど」、「ナイアガラ・トライアングル」で活躍し、81年のソロ・アルバム『A LONG VACATION』がヒット。松田聖子、薬師丸ひろ子らのプロデュース、「冬のリヴィエラ」「熱き心に」などの作曲でも知られる。2013年没。

＊9　レコーディング　このとき坂本が参加したのは、『Niagara Triangle Vol.1』。

＊10　矢野顕子　1955年東京都生まれのシンガー・ソングライター。高校在学中からジャズ・ピアニストとして活躍、バンド活動ののち、76年に『JAPANESE GIRL』でソロデビュー。79年、YMOワールド・ツアーに参加。82年に坂本龍一と結婚した。

13 カウントダウン
——YMO前夜・2

こんな野郎が?

ぼくの年代って、ミュージシャンがけっこういるんですよ。はっぴいえんどの鈴木茂もそうだし、ティン・パン・アレーのドラマーの林立夫、それからベーシストの後藤次利《つぐとし》［*1］も、ぼくと同じ学年。山下達郎や高橋幸宏《ゆきひろ》は、学年でいうと1つ下です。

それで、彼らもみんなぼくと同じような青春時代を過ごしていたのかと思ったら、ぜんぜん違うんですね。高校時代、ぼくが泥臭くデモとかやっているとき、みんなはもっと華やかで、幸宏なんかは青山通りのあたりでパーティーをやっていたらしい。「ダンパのチケット」を売ったりしていたわけです。ぼくにとっては、青山通りと言えば、デモで自動車をひっくり返したりする場所で、「ダンパ」なんて行ったこともなかったんですが。

幸宏と初めて会ったのは、日比谷の野音でした。ぼくは山下くんと知り合ったあと、彼のライブバンドみたいなものに入って、ピアノを弾いたりしていました。そして、昔は政治集会の参加者やコンサートの観客として行っていた日比谷の野音のステージに立つことになった。1977年のことです。そこに、一緒に同じ日に出ていたバンドがサディスティック・ミカ・バンド［＊2］、当時のサディスティックスで、そこのドラムが幸宏だったわけですね。

山下くんに紹介されて、野音の楽屋で初めて対面したときには、山下くんや細野さんと会った時とはまったく違う驚きがありました。とにかく、ものすごくファッショナブルなんですよ。上から下までKENZOなんかを着ていて、スカーフを巻いたりしている。

「こんな野郎がロックなんかやってんのかよ！」と思って呆然《ぼうぜん》として、つま先から頭のてっぺんまでまじまじと眺めてしまいました。ロックっていうのは長髪で、汚いジーパンで、ボロボロの格好でやるもんだと思っていましたから。そういう意味では、固定観念があったというか、ぼくの方がむしろ保守的だったのかも知れない。

幸宏以外のミカバンドのメンバーも、加藤和彦《かずひこ》さん［＊3］をはじめ、みんなものすごくファッショナブルでした。なんか変わってるけど、これはこれで面白そうだ、なかなかのもんだな、とは思いましたが、ぜんぜん別の人種が音楽をやっていることに、とにかく驚いた。

アール・デコの世界

その後、幸宏にはスタジオ・レコーディングに呼んでもらったりしてだんだん親しくなり、彼の家に遊びに行くことになった。ぼくはいつものとおり、半年ぐらい穿《は》きっぱなしのジーパンにゴム草履という格好で行きました。そうしたら幸宏の家が、なんとアール・デコ調なんですよ。床が白黒の市松模様のタイル張りで、家具もアール・デコ調で統一されている。ちょっとした美術館の中に住んでいるような感じでした。もう仰天しましたよ。

うちの場合は、父親が遊びらしい遊びを一切知らずに、ただ本のことばかりを夢中になって考えていた人でしたから、幸宏の家はまったくの別世界。それから、このころ中央線沿線あたりには、すでにお話ししたような、フォークのミュージシャンがいて、ヒッピーのコミューンがあって、ヨガや整体や有機農業がはやって、というような文化が広がっていたわけですが、もちろんそれとも別世界。

同じ時代に同じ東京の中に、こんな世界があるのか、と、幸宏の家で思いました。

時代の変わり目

もちろん幸宏の家は特別なんでしょうが、日本全体が、このころまでにはずいぶん豊かになってきていたんだと思います。1960年には、日本はまさに大島渚《なぎさ》の『日本の夜と霧』の世界だった。みんな、白いワイシャツを着て、黒いズボンをはいて、何か難しい議論をしたりしていた。でもこのころ、70年代半ばには、メンズ・ビギ［＊4］とか、日本のファッション・ブランドももう花開き始めて、カフェバーみたいなところにおしゃれな大人が集まるようになっていた。

たとえば新宿西口の街並みも、ぼくが高校生のころとはずいぶん変わっていました。70年代に入って淀橋《よどばし》浄水場［＊5］が埋め立てられて、京王プラザホテルができ、京王デパートや新宿駅も様変わりして、どんどん人工的な色合いを強めていった。いま考えると、意味の無いことに金をつかうポストモダン的な消費社会ができつつあったのも、ＹＭＯ結成前夜のあの時期かも知れません。

学生時代から親しく付き合っていた知人を、相次いで亡《な》くしたのもこのころでした。フリー・ジャズの阿部《あべ》薫［＊6］とは、何度かセッションをしていました。ジャズの前衛とクラシックの前衛には、共有できるものがあった。それぞれに既存のものを解体し、新しいものを生み出せるという予感のようなもの。彼もぼくも熱心にデリダを読んでいたりして、とても気が合ったんですが、彼は78年に急死してしまいました。

それから、間章《あいだあきら》［*7］というジャズ評論家。彼も現代思想をずいぶん読んでいて、難解な批評を書いていた。高校生のころに読んだ平岡正明さんの批評などにはぴんとこなかったぼくですが、彼の書くものはすごく面白いと思ったし、彼とは話が合いました。でも、彼も阿部薫が死んでまもなく、あとを追うように急死してしまった。

そういう死を、どう考えたらいいのかは、わかりません。ただ、そういう親しい人が死ぬと、いかに人間と人間は遠いか、いかに自分はその人のことを知らなかったかということを思い知らされます。生きている時は、お互い適当にしゃべったりすることもできるから、なんだか相手のことを分かったような気になっている。でも、その人が死んだとき、まったくそうでないことがわかる。いつもそうですね。僕の場合は。

ニヒルな音楽労働

大学を離れてＹＭＯが始まるまでは、今で言うフリーター生活みたいなものでした。当時はそんな言葉はなかったので、日雇いって言っていたんですが。ちょっとした仕事に呼ばれて、出かけて行って、適当にこなす。まさに日雇い労働者みたいなものでした。そんなふうに、日々頼まれて書いたり弾いたりする音楽と、小さいころから少しずつ身につけてきた、クラシックを軸にした自分の音楽の世界との間には、やはり断絶というか、矛盾がありました。

そういう矛盾を抱えたままで、いろんなジャンルの音楽やミュージシャンとの身体的なレベルでの接触があったことは、良かったと思うんです。日本中で数百人しかいない現代音楽の聴衆を相手にしていてもしょうがない、と思っていたし、ポップ・ミュージックの中にはすばらしいものがあった。でも一方では、やっぱり音楽的ビジョンみたいなものが心の中にあって、もっと自分のやるべき音楽に打ち込むべきなんじゃないか、と思ったりもしていました。

それでもすでに、音楽は手っ取り早くお金を稼げる手段でもあったので、こまごまとした音楽の仕事は、当然そのまま続けていた。YMO結成前の2年ぐらいは、そんなふうにニヒリスティックに、半ば自暴自棄になって、かなり忙しく働いていました。

そうやって自分を未決定な状態に、宙づりにしておいたのは、何かの予感があってのことだったかもしれません。とにかく不遜《ふそん》でしたから、そのうちに何か自分にふさわしい生き方が見つかる、天啓みたいなものがある、そんな気がしていたのかもしれません。

個人の仕事が忙しいので

そしてある日、こういうバンドをやりたいと細野さんから提案がありました。若くて不遜なぼくは「個人の仕事が忙しいので、そっちを優先しますけど、まあ時間のある時はやりますよ」とか答えた。やぶさかではない、みたいな感じです。すごい返答ですよね。細野さんは「まあ、それでもやろうよ」って言ってくれて、ＹＭＯの１枚目［＊8］のレコーディングをすることになったんです。１９７８年のことです。

そのアルバムの発売が11月ですが、ぼくはその直前の10月にソロのデビュー・アルバム［＊9］を出していて、細野さんにはそっちにも参加してもらった。偶然のなりゆきですが、ぼくのソロ・アルバムはＹＭＯの準備みたいな形になって、ＹＭＯの音楽につながっていきます。

ＹＭＯを結成し、最初のアルバムを作り、最初のワールド・ツアーでヨーロッパとアメリカをまわった。そのころの経験はぼくにとって、価値観の転倒と言ってもいいほど圧倒的なものでした。

＊1　後藤次利　１９５２年東京都生まれのベーシスト。ブレッド&バター、小坂忠とフォージョーハーフ、

ティン・パン・アレー、サディスティック・ミカ・バンドなどの活動に参加。沢田研二の「TOKIO」で日本レコード大賞編曲賞を受賞し、とんねるずや工藤静香のヒット曲の作曲・編曲でも活躍。妻は河合その子。

＊2　サディスティック・ミカ・バンド　加藤和彦、加藤ミカ、角田ひろ（現・つのだ☆ひろ）の3人により1971年に結成されたバンドを母体とする。最初にイギリスでヒットし、まもなく日本でも人気を集める。数回にわたるメンバーの入れ替わりの後、75年に解散。77年から78年にはサディスティックスとして活動した（この時期に高橋幸宏と坂本龍一が野音で出会う）。89年には加藤和彦、高中正義、小原礼、高橋幸宏の4人に桐島かれんを迎え再結成。2006年には同じ4人に木村カエラをヴォーカルに迎えて活動した。1985年には松任谷由実と坂本龍一が加わった「サディスティック・ユーミン・バンド」としてイベントに参加した。

＊3　加藤和彦　1947年京都府生まれのミュージシャン、作曲家、プロデューサー。66年にザ・フォーク・クルセダーズを結成、「帰って来たヨッパライ」が大ヒット。71年にサディスティック・ミカ・バンドとしての活動を開始。代表作に「悲しくてやりきれない」「あの素晴しい愛をもう一度」「タイムマシンにおねがい」など。2009年没。

＊4　メンズ・ビギ　ビギのメンズブランドとして1973年に登場。デザイナーは菊池武夫。テレビドラマ「傷だらけの天使」で萩原健一が着用して話題になり、「大人の遊び着」「不良の大人の服」として注目される。（メンズ・ビギ ウェブサイトより）

＊5　淀橋浄水場　新宿区西新宿にあった浄水場。新宿副都心の再開発にあたって東村山浄水場に移設され、跡地には京王プラザホテル、住友ビル、三井ビル、東京都庁などの超高層ビルが建設された。淀橋の地名は家電量販店のヨドバシカメラや東京都中央卸売市場淀橋市場に現在も残る。

＊6　阿部薫　1949年生まれ。フリー・ジャズのアルト・サックス奏者。独学でサックスを学び、高柳昌行、吉沢元治、山下洋輔、近藤等則、デレク・ベイリー、ミルフォード・グレイブズらと共演。代表作に『解体的交感』（高柳昌行との共作）、『彗星パルティータ』『なしくずしの死』など。妻は女優で作家の鈴木いづみ（86年没）。95年には2人の生きざまを描いた映画『エンドレス・ワルツ』（稲葉真弓原作、若松孝二監

督、町田康主演）が公開された。78年、29歳で死去。

＊7　間章　１９４６年新潟県生まれの音楽評論家。フリー・ジャズを中心とする音楽批評のほか、コンサートやレコードのプロデューサーとしても活躍し、阿部薫のソロコンサートをプロデュース、ミルフォード・グレイブズ、デレク・ベイリーらを日本に招聘した。78年12月、32歳で死去。著書に『時代の未明から来たるべきものへ』『この旅には終りはない　ジャズ・エッセイ』『僕はランチにでかける　ロック・エッセイ』など。

＊8　YMOの1枚目　ＹＭＯのデビュー・アルバムは『イエロー・マジック・オーケストラ』。１９７８年11月25日リリース。

＊9　ソロのデビュー・アルバム　坂本龍一のソロ・デビュー・アルバムは『千のナイフ』。１９７８年10月25日リリース。

3

1978-1985

14　ＹＭＯ、はじまる
――ＹＭＯ時代・1

伝説のこたつ集会

幸宏とぼくが細野さんからＹＭＯの構想を聞かされたのは、１９７８年2月のことです。このときの様子は、ＹＭＯ結成の瞬間として伝説のように有名になっているようですが、ぼくの記憶はけっこうあいまいです。でも確かに、細野さんの家に幸宏とぼくとが招かれて、３人でこたつに入って、こたつの上にはみかんがあって、おにぎりが出されました。

そこで細野さんが、大学ノートみたいなものを出してきてパッと開くと、富士山が爆発している絵があって、「４００万枚」とか書いてある。「イエロー・マジック・オーケストラ」という名前も書いてあったと思います。

ＹＭＯの構想を聞いて、ぼくは驚くでもなく、「それはまあ、普通でしょう」みたいな反応をした。いいんじゃない？　という感じ。心の中では細野さんのことをすごく尊敬していたんですが、なにしろそのころは不遜《ふそん》でとんがっていましたから、バンドに誘われたからといってワッと飛びついたりはしなかった。すでにお話ししたように「個人の仕事を優先したいんで」「でもまあ、時間あるときはやりますよ」というようなことを言いました。

幸宏のそのときの反応ははっきり覚えていませんが、もっと素直に「やりましょう」という感じだったと思います。幸宏は高校時代から細野さんと面識があって親しかったし、彼自身いろんなバンドを経験していたので、バンドに入るというのは自然なことだった。

でもぼくにとっては、それが生まれて初めてのバンド経験でした。バンドに入るというのは何か特別なことで、入ったらもう逃げられない、みたいな感覚もあった。それまでは何にも所属せずに、いつも片足だけ突っ込んで逃げられるような態勢でやっていたのに。あ、いよいよ来ちゃったな、という感じがした。「個人の仕事を優先したい」というのは、そういう意味での牽制《けんせい》でもあったのかも知れません。

このころまでには、ぼくは幸宏とすっかり親しくなっていて、毎晩のように遊ぶ仲でした。いろんなレコーディングも一緒にしたし、幸宏のソロ・アルバム［＊1］をぼくが手伝ったりもしていた。細野さんのことは、先輩としても、もちろんミュージシャンとしても、とても尊敬していた。だから結成の時には3人はもう、音楽だけでなく、信頼関係というか、人間的な面での結束も強かったです。実は、バンドを組むには人間的な相性も大事、というようなことは、当時のぼくは知らなかったんですが。

ソロ・アルバム

YMOのファースト・アルバムが出る前月、78年10月に、ぼくは初めてのソロ・アルバムを発表しました。音楽の日雇い仕事で夜中まで働いて、そのあと明け方まで、自分の機材を持ち込んだコロムビア・レコードの小部屋でちょこちょことレコーディングをする、というネズミのような暮らしを何カ月も続けて世に出した作品でした。そういう過酷な環境での創作活動を支えたのは何だったのかと振り返ってみると、それはやはり「ニヒルな日雇い労働」の消耗からの回復を希求していたということだと思います。

デビュー前の2年ほどの間は、昼の12時から夜の12時ぐらいまで、あちこちのスタジオを駆け回って演奏してお金をもらう、という毎日でした。疲れてしまって、やさぐれていた。そこへレコード会社から、ソロ・アルバムを作らないかという話があり

YMO時代　創作風景

ました。もうそろそろ、坂本龍一という名刺を持ってもいいかな、とそのとき思いました。誰かのための半端《はんぱ》仕事を続けるのではなく、「俺はここにいるぞ」ということを示すような何かを作るほうがいいんじゃないか、という気持ちになりました。

日雇い的な仕事を続けながらどんどん年を取っていくミュージシャンも、たくさんいます。それはそれで、業界の中でだんだんステイタスが上がっていく。弟子を何人も伴ってスタジオに来るような人もいました。でも、ああなっちゃまずいなとぼくは思いました。「こんな小さな世界でお山の大将になっちゃったら終わりだ、逃げ出さなくちゃ」と思った。

「日雇い労働」では、アレンジャーやディレクターやプロデューサーがいて、彼らの指示通りのことをやる。音楽ロボットみたいなもので、自分の音楽性なんてことはほとんど関係ありませんでした。でも、ソロにせよＹＭＯにせよ、今度は好きなことができる。それはとても大きな違いでした。だからこそ、毎日、明け方までも続けられたんだと思います。

3人で作るということ

好きなことができるとは言っても、YMOでバリバリの現代音楽をやるわけにもいかないので、いちおうポップスの範疇《はんちゅう》に入るものを作ることになるのですが、それでも自分の好きなものはかなり取り入れられました。ぼくが好きで聴いていたジャーマン・ロックとか、そこから派生してきたテクノのクラフトワーク［＊2］。そういう一般にはまだほとんど認知されていなかったものを持ち込んで、その知識や情報を料理することができるというのは、本当に面白かった。かなり生き生きとやっていた記憶があります。

3人いることによって難しくなる面はあります。たとえば画家が3人集まって1つの絵を描こうとしても、それはうまくいかないに決まっている。ぼくがピンクを塗りたくても、ほかの2人は青とか黒とかを塗りたいかも知れない。譲り合わないと成り立たないんですが、本気でやろうとすればどうしても引けなかったりもする。そういうところは初めての経験だったので、いろいろ試行錯誤しました。

一方で、もちろん、3人が共同作業をすることによって、ひとりでは作れないようなものを生み出せるという面もあります。細野さんと幸宏とぼくとでは、それぞれ持

1980年

っているものがずいぶん違いますから。ぼくには思いつかないようなアイディアとか、フレーズとか、音色とかリズムとか、そういうものが2人からポンポン出てきて、それを毎日体験できるのはとても刺激的でした。

基本的に、幸宏や細野さんの場合は、音楽性のベースとしてポップスやロックがある。でも、ぼくにはそれがなかった。だから、2人が「あのバンドの、あの曲のあの感じ、あのベースとドラムね」とか言って通じ合っているときに、ぼくだけ全然わからないんです。バンドや曲の名前を覚えて、密《ひそ》かにレコードを買って聴いたりしていました。日々勉強という感じで。

逆に、スティーヴ・ライヒがどうのとかジョン・ケージがどうのとか、2人が知らない材料をぼくの方から出すこともできる。結果として、細野さんだけでも、幸宏だけでも、ぼくだけでもできないものができる。それぞれの音楽を重ね合わせていく感じなんです。

そんなふうに実験的な要素もいろいろ盛り込んで、ファースト・アルバムができあがりました。「東風」「中国女」「マッド・ピエロ」という曲名は、ゴダール作品のタイトルからとっています。ぼくが大のゴダールファンですから。かなり革新的なものができたと、自分たちとしては満足感があったんですが、あまり売れなかったですね、その1枚目は。

社会的にも全然反応はなかったし、周りのミュージシャン仲間に聴かせても「こんな冷たい音楽は受けるわけがない」なんて言われた。でも、そう言われてがっかりするというわけでもなくて、「なるほど、これが冷たい感じに聴こえるのか、面白いな」と思ったりした。聴く人の先入観みたいなものが見えてくるような気がして。

自分たちとしては、かなり満足のいくものができたという充実感もあったし、新しいスタイルの音楽を作っているんだという確信もありました。ここで得た何かを突き詰めて次に進もうという、そういう積極性に燃えていたように思います。

＊1　幸宏のソロ・アルバム　高橋幸宏のデビュー・アルバム『サラヴァ！』は1978年6月リリース。細野晴臣、坂本龍一のほか、鈴木茂、高中正義、大村憲司、加藤和彦、林立夫、山下達郎、吉田美奈子、秋川リサらが参加している。

＊2　クラフトワーク　ドイツのテクノ集団。1970年、ドイツのデュッセルドルフで結成。ラルフ・ヒュッターとフローリアン・シュナイダーが中心となって、メンバーは何度か入れ替わった。実験音楽から出発し、電子楽器を用いたポップ・ミュージックを作り上げた。74年のアルバム『アウトバーン』が大ヒット。そのスタイルは「テクノ・ポップ」と呼ばれる。ハウス、ヒップホップ等、ジャンルを越えてその後の音楽に大きな影響を与えている。

15　ＹＭＯ、世界へ
──ＹＭＯ時代・2

突然のＬＡ公演

ファースト・アルバムのリリース後、ＬＡで初めての海外公演がありました。79年の8月のことです。アルファレコード［*1］経由で、当時アメリカで人気のあったチューブス［*2］というロックバンドの前座をやらないかというオファーがあった。話が来て、もう次の週には行くというような日程でした。海外で演奏するのは初めてですし、大量の楽器を搬送するとか、そういうことも初めて。何から何まで初めてで大変でしたが、これがとても受けたんですよ。

当時、ドイツのクラフトワークとか、イギリスのニューウェーブ［*3］とか、ぼくの目はヨーロッパのほうに向いていたので、不遜にも「こんなの、アメリカ人がわかるのかなあ、しかもニューヨークならまだしもＬＡのやつらに」なんて思っていた。

でも受けちゃった。ぼく個人としては、ちょっと複雑な気持ちでした。「LAで受けちゃうのはまずいんじゃないか」と思ったりした。その公演自体、自分たちで選んでやったというより、レコード会社主導で突然降ってきた仕事だし、お客さんもチューブスを聴きに来た人たちだし、ぼくとしてはちょっと釈然としないところはありました。

でも、アメリカの音楽ビジネスの様子を肌で体験できたことの意味は大きかったです。たとえばコンサート・ツアーをやるにあたって、ツアー・マネージャーがいて、ステージ・マネージャーがいて、アシスタント・マネージャーがいて、楽屋のケータリングだけを専門に担当しているような人もいる。ビジネスとして高度に組織化されている。日本と違うなあ、すごいなあ、と感心する一方で、あまりにシステマティックであることへの違和感もあった。70年代のことですから、そのシステマティックに動いているスタッフというのが、長髪で髭《ひげ》を生やしたヒッピー風の男の子たちだったりするのも、面白いところなんですが。

その後、9月にはセカンド・アルバム［＊4］がリリースされて、最初のワールド・ツアー［＊5］が始まるのは10月のこと。本格的な狂騒の幕開けです。

そうだ、これでいいんだ

初めてのワールド・ツアーに出かけるころは、YMOの人気はまだたいしたものではありませんでした。このツアーをきっかけにして、本格的に売り出していこうという時期でした。

ツアーはロンドンから始まりました。当時のロンドンはパンクからニューウェーブへ、というころで、キングズ・ロードにはニューウェーブっぽいカッコいい若者があふれていた。ファッションもビジネスも、たぶん世界一高感度に発信していたのがそのころのロンドンだったと思います。そんなこともあって、ぼくらの気分はLA公演のときよりもずっと盛り上がっていました。

そして、そのロンドン公演。何曲か演奏したあと、ぼくのソロ・アルバムからの曲、「ジ・エンド・オブ・エイジア」をやりました。そのとき、ステージのすぐ前のダンスフロアのようなスペースでカップルが踊りだしたんです。ニューウェーブ風のファッションの、カッコいい男女でした。

それを見ていたら、ああ、俺たち、なんてカッコいいんだろう、と思えてきた。「俺たち」っていうか「俺」でしょうか、自分の曲ですから。こんなカッコいいカップルを踊らせているんだから、俺たちって、俺ってすごいぜ、みたいな、そんな恍惚《こうこつ》感《かん》を演奏しながら覚えた。電気が走るような感じ。そして「そうだ、これでいいんだ」と思った。

ぼくはそれまでずっと、自分はこういう方向性で生きていくんだ、と思い定めるようなことはなるべく避けていました。できるだけ可能性を残しておく方がいいと思ってもいた。でもそのときロンドンで、「この形でいいんだ」と思った。自分の進むべき方向を、そうやって自分で確かに選び取ったのは、実はそれが初めてのことだったかもしれません。

欧米人にもわかるのか

あのとき彼らロンドンの若者の耳には、「ジ・エンド・オブ・エイジア」はどんなふうに聴こえていたのか。推測するしかありませんが、キテレツで日本的な、何か異質な音楽として聴こえていたんじゃないかとぼくは思います。しかし、それにもかかわらず、ぼくらの音楽に反応して踊り出したということは、ＹＭＯの音楽が何らかの形で彼らに「わかった」ということです。

音楽が「わかる」とか「わからない」とかいうのはどういうことか。それは民族音楽を考えるうえでも面白いところなんですが、簡単に言ってしまうと、文化的な背景がまったく違うところの音楽は、聴いてもほとんどわからない。

ロンドンの彼らがおそらくはＹＭＯの曲を異質な音楽として受け止めながらも、それを「わかった」、何か心や体を揺さぶるものとして感じたということは、ぼくらと彼らとの間にポップ・ミュージックという共通の基盤があったからだと思います。

ＹＭＯの音楽の源流の一つは、イギリスやアメリカのポップスです。とくに細野さんと幸宏の2人には、50～60年代を中心とした膨大な量のポップ・ミュージックが、音楽データベースとして入っている。そういうものが、ロンドンの観客がぼくらの音楽に共鳴する土台になっていたのだと思います。

もしリズム・セクションの2人の中にポップ・ミュージックがあれほどしっかりと染《し》み込んでいなかったなら、ＹＭＯの音楽が世界中の聴衆の耳に届くことはなかっただろうと思います。

日本代表？

欧米のポップ・ミュージックは、ラジオやレコードを通して、世界中に行き渡りました。もともとは欧米のものだったわけですが、それが資本主義的な商品として世界中にばらまかれ、ロンドンの聴衆も細野さんや幸宏も同じものを聴いて育つ、という状況が生まれていた。ポップスはもう、欧米だけのものではなくなっていたわけです。そして今度は、そのポップ・ミュージックを土台とするＹＭＯの音楽が、日本から欧米に入って行くことになった。

ＹＭＯの音楽はロンドンの聴衆にとって「わかる」ものだったというお話をしましたが、文化の違う人にも「わかる」音楽というのはつまり、どこの市場でも理解される商品だということですから、資本主義の仕組みに乗っかれば、世界中で受け入れられる可能性がある、ということになります。

ご存じのとおり、自動車やテレビに関しても、そのころ同じようなことが起こっていました。日本から自動車が来て、テレビが来た、次はソフトウェアを、という日本文化待望論のようなものが、西側にはあったんだと思います。一方日本側にも、自国のものが世界で評価されることへの、ナショナリスティックな待望があったと思う。

ぼくは、自分たちがその流れに乗って、役割を演じているように感じ始めていました。ささやかな規模ではあるけれど、日本を背負っているみたいな感じすらした。そして、それがすごくいやだった。ロンドンの聴衆に訴えかけることができたという喜びの反面には、そういう違和感があった。

ロンドンで、夏目漱石《そうせき》のことを考えたりもしました。日本を代表してロンドンに来

海外発売記念記者会見　1979年

て英語の勉強をして、2年ほど悶々《もんもん》として帰って行った漱石はどんな気持ちだったのだろう、と。漱石と自分を重ね合わせるのは大げさですが、国を背負っているような息苦しさを、ぼくも確かに感じていた。

使命感みたいなものはなかったと思います。もちろん、自分に対する使命感、YMOや音楽に対する使命感はありますが、日本に対する使命感は感じなかった。いや、実際たぶん感じていたんでしょうが、できるだけ感じないように努めていた。精神的に複雑な調節をしていたんだと思います。

ほかの2人も同じようなことを感じていたのか、それともぼくだけだったのか。そんな話はしませんでしたので、わからないんですが。

赤い人民服

当時は、ファッションの世界でも、日本のデザイナーが海外に出て活躍するようになっていました。イッセイミヤケ、ケンゾー、コム・デ・ギャルソン、ヨウジヤマモト、カンサイ。日本文化の尖兵《せんぺい》という感じですね。彼らもYMOと同じようなものを背負っていたのかもしれない。

ツアーの時にどんな格好をしていたか、ぼくはあんまり覚えていないんですが、写真を見ると、あの赤い人民服を着ていたんですね。衣裳《いしょう》のことは幸宏にお任せという感じで、もう言われるがままでした。なにしろ、ぼくはずっとジーパンにゴム草履の人で、ファッションのことなんて全然わかりませんでしたから。

ちなみに、ぼくの1枚目のソロ・アルバム『千のナイフ』のときも、ジャケットのスタイリングは幸宏がしてくれました。あのときに長髪を切って、アルマーニに連れていかれて、「これがいいよ」なんて着せられた。ジーパン・ゴム草履から、突然アルマーニ。それなりに抵抗はあったと思うんですが、言うとおりにしました。我ながら、意外と転向が早いですね。

アメリカで受ける曲

ワールド・ツアーは初めてでしたが、デビュー直後にLAでチューブスの前座をやったことがありましたので、アメリカで演奏するのは2度目でした。ヨーロッパとアメリカ、ニューヨークとLAの違いなんかもつぶさに実感できて、とても面白かった。

受ける曲も違うんです。ロンドンでは「ジ・エンド・オブ・エイジア」が受けたんですが、アメリカでとにかく受けるのは矢野顕子《あきこ》の曲なんですよ。矢野さんはサブのキーボードで参加していて、ツアー中に彼女の曲も何度かやったんですが、これが必ず受ける。ヨーロッパでも受けるんですが、アメリカでは明らかに反応が違う。それから、「ビハインド・ザ・マスク」という曲がやっぱりアメリカですごく受ける。矢野さんの曲と「ビハインド・ザ・マスク」。ロックの生まれた国で受けるということは、ここに何かロックの秘密があるに違いないと思いました。

ロック性というのは、リズムパターンやグルーヴだけではなくて、コード進行にもあって、つまりある和音からある和音に行くときにすごくロックを感じる、ということがあるみたいなんです。アメリカで演奏してみて、初めてそのことに気がつきました。「ビハインド・ザ・マスク」は、だいぶあとにマイケル・ジャクソンやエリック・クラプトンがカヴァー［＊6］したんです。やはり、確かにロック・ミュージシャンを惹《ひ》きつける要素があるんだと思います。ロック＆ロール、つまり自然に体を揺らして転がしてしまうような何かが。

＊1　アルファレコード　作曲家・村井邦彦が1969年に音楽出版社「アルファミュージック」として設立。77年に「アルファレコード」となる。90年代に入って大株主であった輸入車販売会社ヤナセが資本を引きあげ、「アルファミュージック」として再スタートするが、98年にレコード製作から撤退。荒井由実、GA

RO、YMO、サーカス等の作品を世に送り出した。
＊2　チューブス　サンフランシスコで結成されたロックバンド。過激で社会風刺的なパフォーマンスで人気を集めた。86年に解散、のちに再結成し、96年にはオリジナル・アルバムをリリース。
＊3　ニューウェーブ　ロックを解体したパンクの隆盛の後、1970年代末から80年代初頭にかけてみられたポップスの動き。ポスト・パンクとも呼ばれる。音楽の傾向は様々だが、革新的・実験的で、電子楽器などのテクノロジーが重視された。
＊4　セカンド・アルバム　2枚目のアルバムは『ソリッド・ステイト・サヴァイヴァー』。1979年9月25日リリース。
＊5　最初のワールド・ツアー　「トランス・アトランティック・ツアー」。1979年の10月から11月にかけて行われた。ロンドン、パリ、ニューヨーク、ワシントン、ボストンの5都市で、9公演が行われた。サポート・メンバーとして、矢野顕子（key）、渡辺香津美（g）、松武秀樹（syn）が参加。
＊6　「ビハインド・ザ・マスク」のカヴァー　マイケル・ジャクソンが歌詞を書き加えてアレンジを施したカヴァー・バージョンは、アルバム『スリラー』（1982）のために準備したものだったが、結局このアルバムには収められず、その後エリック・クラプトンがこのバージョンをアルバム『オーガスト』（86）に収録した。坂本ものちに自らのアルバムでマイケル・ジャクソンのバージョンを採用している。

16　反・ＹＭＯ
——ＹＭＯ時代・3——

公的抑圧

　１９７９年の11月、最初のワールド・ツアーから帰国してみると、ＹＭＯは国民的スターになっていました。アルファレコードのパブリシティ戦略が当時としては画期的だったことも、功を奏しました。ライターをツアーに同行させて、各地で公演が成功している様子を書いてもらい、それが『平凡パンチ』［＊1］とか、当時人気のあった雑誌に速報として掲載された。だから、帰国したときにはすっかり大スターです。それを見込んで、日本での凱旋《がいせん》公演［＊2］のようなものもしっかり用意されていました。

　海外でウケたらしいということで、それまでＹＭＯのことを知らなかったような人たちにも、一気に知られるようになった。社会現象とまで言われました。ぼくはそれまで「無名でいたい、前に出たくない」と思って生きてきたのに、気がついてみれば、道を歩いているだけで指を差されるような人間になっていた。それはまったく予想外のことで、本当に困りました。ほとんど部屋から出ず、人目を避けて閉じこもる生活になってしまった。食事のためにこそこそと外出すると、高校生に見つかって「あ、坂本だ」なんて言われて、マンションに逃げ帰ったり。そういう状況を、ぼくは憎悪《ぞうお》するようになりました。とにかくほっといてほしい、心からそう思いました。

80年の2月には、ツアーの様子を収めたライブ・アルバムが出るんですが、タイトルが『パブリック・プレッシャー／公的抑圧』［*3］。誰が考えたタイトルかは覚えていないんですが、まさに当時のぼくのためにあるような言葉ですね。

状況への憎悪は、やがてYMOへの憎悪につながっていきました。「俺はこんなつもりじゃなかった、YMOが俺をこんなふうにした」と。

細野さんに誘われて「片手間にやります」みたいな気持ちではじめたYMOの活動でしたが、いざ始まってみたら、どんどん思い入れが強くなっていたんだと思います。自分がYMOでやりたい音楽というのがだんだんはっきりしてきて、でもどうしても自分の思い通りにはならなくて、それがしんどい。そういうバンド活動の根本的なストレスは、YMOブームという環境のストレスと結びついて、どんどん増幅していき

アルファスタジオにて　1981年

ました。

反・YMO

そんな時期に、ぼくは2枚目のソロ・アルバム『B-2ユニット』[*4]を作りました。数カ月の間、ほとんど誰とも会わずにこのアルバムを作った。溜《た》まりに溜まった力を傾注して、YMOをいわば仮想敵にして作りました。ぼくはYMOをやりながら、アンチYMOをやっていたわけです。

YMOにはできない過激なものを作ろう、ぼくはそう思いました。YMOがプラスなら俺はマイナスを、白なら黒を、正反対のことをやってやる。このアルバムは、そういうドロドロしたエネルギーに満ちていて、いま聴いても当時の感情が思い出せます。

細野さんも幸宏も、このアルバムについてはほとんど何も言わなかったように思います。気になってはいたと思うんですが、少し離れたところからじーっと見守っているという感じ。ぼくの方から2人に聴かせたりもしませんでした。

でも、YMOの2度目のワールド・ツアーでは、この『B-2ユニット』の中の「ライオット・イン・ラゴス」という曲をYMOでやりました。その後のライブでも何度も演奏した。ぼくにとってはまさに「アンチＹＭＯ」だったあのアルバムの曲をＹＭＯとしてやるとは、３人とも屈折していたんだと思います。

ＣＵＥ

２人に仕返しされたのが、「キュー」という曲。翌81年の３月に出た『ＢＧＭ』［＊5］というアルバムの中の曲で、細野さんと幸宏が、ぼく抜きで、２人で作ったんです。でも、ＹＭＯの曲だからぼくも参加しないわけにもいかなくて、ライブではドラムをやることになった。音には参加せず、リズムを叩《たた》くだけ。

「ＣＵＥ」ですから、何かの合図、というような意味が含まれている。合図、きっかけ、手がかり、そういう意味のタイトル。すごく意味深ですよね。ぼくは黙ってビートに徹しながら、これは完全に、２人の復讐《ふくしゅう》なんだな、と思いました。

実は、２００７年の春のライブで、久しぶりに、３人でこの曲をやったんです。『キュー』をやろう」と、幸宏が言い出した。ちょっと恐る恐るという感じで。この曲についてはいろんな思いもあったから、ぼくが嫌がるんじゃないかと思ったのかもしれない。でも「うん、やろうやろう」ということになった。近ごろはみんな、涙腺《るいせん》も弱くなってきて、本番ではちょっとじーんときちゃったりして。

120点の出来

いろんな確執を乗り越えて、同じ年の11月に『テクノデリック』[＊6]というアルバムができた。ぼくも言いたいことをかなり言い、2人もそれぞれに言い、3人の力がいい形で重なりあって、120点ぐらいのアルバムができちゃったんです。

それまで抑えていた何かが弾《はじ》けて、ぼくは現代音楽の引き出しも、臆面《おくめん》もなく、どんどん使った。それがYMOのポップな形式にうまく収まったと思います。3人の持っているものが、最良の形で結晶したという、一種の達成感があった。

そして、もう終ってもいいかな、という感じになったんです。やることはやった、もうシェアできるものは何もない、これ以上続けても意味がない。そういう感じになった。

3人とも自然と「あとは花を咲かせて終わろう」という気持ちになって、最後の1年は「君に、胸キュン。」[＊7]とか、歌謡曲路線でいった。かわいいおじさんアイドル、みたいな感じで。あのころにはもう、終わりにすることが前提だった。最後にぼーんと花火上げて終わろう、ということだったんです。

『テクノデリック』リリース前月の81年10月には、3枚目のソロ・アルバム、『左うでの夢』［＊8］もリリースされたんですが、このアルバムではもう『B-2ユニット』にあったような憎悪は消えている。なんかちょっと幸せな雰囲気すらあるようなアルバムになっています。YMOの中で何かが終わったときに、ぼくの中の反YMO的なものも消えてしまったんだと思います。

YMOという経験

結局、YMOというバンドにいた時期のことが、その後の自分の出発点になっているんだと思います。バンドとして創造活動、表現活動をする中で、自分の作りたいもの、表現したいものが確立されていった。本当に塗りたい色というものが見えてきた。いま考えれば、それはものすごく良い環境だった。それはたぶん、細野さんや幸宏にとってもそうだったんじゃないかと思うんです。実際、2人もこのころからソロ活動が本格化していきました。

YMOに入る前にはまったくの半人前だったぼくは、バンドの中で、齟齬《そご》とか葛藤《かっとう》とかを経て少しずつ成長していきました。でもやがてバンド自体が消えてしまう。突然、100パーセント丸裸の自分として、ポンと放り出されたような状態になって、憎悪を向ける相手もいない。たぶん、ぼくはそのときに、「大人」にならざるをえなかった。そういう意味で、ＹＭＯが終わったとき、ぼくの人生は確実に次の段階に進んだのだと思います。

＊1　**平凡パンチ**　平凡出版（１９８３年にマガジンハウスに社名変更）が発行した、日本で初めての男性週刊誌。64年4月28日創刊。ヌードグラビアやファッション記事で人気を集め、一時は１００万部を超える部数を発行していたが、同社の『POPEYE』『BRUTUS』創刊の影響もあって次第に低迷し、88年10月に休刊。表紙のイラストレーションは大橋歩が担当していた。

＊2　**凱旋公演**　トランス・アトランティック・ツアーの凱旋公演は、12月19日、中野サンプラザで行われた。

＊3　**パブリック・プレッシャー／公的抑圧**　１９８０年2月21日リリース。トランス・アトランティック・ツアーの演奏を収録した、ＹＭＯのライブ・アルバム。ただし、ギターの渡辺香津美とレコード会社との関係のため、ギターのトラックはすべてカットされ、代わりに坂本によるシンセサイザーが追加されている。

＊4　**B-2ユニット**　１９８０年9月21日リリースの、坂本龍一のソロ・アルバム。東京のほかロンドンでもレコーディングを行い、ギターにＸＴＣのアンディ・パートリッジ、リミックスにデニス・ボーヴェルが参加した。

＊5　**BGM**　１９８１年3月21日リリースの、ＹＭＯのアルバム。このアルバムで初めて、歌詞をメンバーが作詞した。「キュー」は「ユーティー」とともに同年4月21日にシングルカットされている。

＊6　**テクノデリック**　１９８１年11月21日リリースの、ＹＭＯのアルバム。松武秀樹と村田研治が試作したサンプラーＬＭＤ-６４９を使用、当時画期的だったサンプリングの手法が特に注目を集めた。

＊7　**君に、胸キュン。**　１９８３年3月25日リリースの、ＹＭＯのシングル。ＹＭＯ最大のヒットシングルとなった。作詞は松本隆。カネボウ化粧品のキャンペーン・ソングとして使用され、5月24日発売のアルバ

ム『浮気なぼくら』に収録された。

＊8　左うでの夢　1981年10月5日リリースの、坂本龍一のソロ・アルバム。10曲中6曲で、坂本自身がヴォーカルを担当している。細野晴臣、高橋幸宏も参加。レコードの帯には糸井重里による「スナオ・サカモト」のコピーがつけられた。なお、坂本龍一は左利き。

17　旅立ちの時
――YMO散開前後・1

外側への反作用

　1982年にはYMOとしての音楽活動は基本的に休止していたんですが、他のアーティストの曲を書いたり、共演したりはしてました。忌野清志郎《いまわのきよしろう》さんと「い・け・な・いルージュマジック」[*1]をやったのもこの年です。

　初めて映画の仕事をした年でもありました。映画『戦場のメリークリスマス』[*2]の撮影がラロトンガ島[*3]というところであって、ビートたけしさん[*4]と出会ったりもした。撮影から戻り、この映画のための音楽を書いたのは、この年から翌年にかけてのことです。

　YMO時代には、どちらかというと、ぐっと内側に向かうような力が働いていたと思うんですが、YMOの活動が小休止したことで、今度はエネルギーが外側へ広がっていく、反作用のようなものが生まれてきていたように思います。いろいろなジャンルの音楽へ、さらには音楽以外のジャンルへと、ぼくは活動の範囲を広げていくことになります。

大島監督からの電話

大島渚監督の『戦場のメリークリスマス』については、もともと噂《うわさ》で聞いてはいたんです。どうもビートたけしが出るらしい、デヴィッド・ボウイ［＊5］が出るらしい、等々。しばらくたったある日、大島さんからぼくのところに突然電話がかかってきて、お会いすることになりました。

大島さんとはぼくの事務所で初めてお会いしたんですが、彼がやってきたときの様子は今でも記憶に残っています。ビルの2階にある事務所の窓から外を眺めていたら、台本を小脇《こわき》に抱えた大島さんがすたすたとひとりで歩いて来るのが見えたんです。「来た来た！」と、大興奮でした。なにしろ、大島監督の作品は、高校、大学時代にほとんど観《み》ていましたから。憧《あこが》れの人だったんです。ちょっと緊張しました。

「映画に出てください」というのが、大島さんからのお話でした。ところが、ぼくは「はい」と言う代わりに「音楽もやらせてください」と言った。

役者として出る代わりに音楽をやらせてもらおう、そういう提案をしようと、予《あらかじ》め考えていたわけではないんですよ。そもそも、映画音楽なんてやったこともないし、やろうと思ったこともなかった。その場の思いつき、口から出まかせみたいなものだったんです。そうしたら、大島さんはすぐに「いいですよ」と。もちろんすごくうれしかったんですが、俳優も初めてなら映画音楽も初めての素人《しろうと》が、両方一度にやらせてくれなんて無茶を言っているのに、即座にOKするなんて、大島さんというのはすごい人だなあと思いました。

映画音楽の経験はないのに、自分ならできるという自信はありました。若者の勢いというのはすごいものですね。でも、撮影が終わって帰ってきて、音楽を作る段になって、はたと思ったんです。いったいどうやって作るんだろうって。映画音楽について何も知らないし、とくに考えもない。

それで、撮影を通して親しくなったプロデューサーのジェレミー・トーマス［＊6］に訊《き》いてみたんです。「参考にするべき映画を1つ挙げろ、と言われたら何と答える？」と。すると『市民ケーン』［＊7］だという。それで、『市民ケーン』のビデオをすぐに買ってきました。

参考にしたのは、オーケストレーションとかメロディーではなく、どういう部分に音楽がついて、どういうタイミングで消えるか、つまり純粋に映像との関係です。そのときぼくが出した答えはいたってシンプルで、映像の力が弱いところに音楽を入れる、ということでした。神秘的でもなんでもない。

映画の仕事ですから、映画音楽についても決定するのは監督です。予め音楽を、どこにどのように入れていくかというリストをぼくなりに作って、大島さんもご自分のリストを持って来られて、突合せをした。そうしたら、どこに音楽を入れるかということに関して、99パーセント一致していたんです。なんだ、これでいいんじゃないか、映画のプロと同じ答えが出せたじゃないかと、すっかり自信をつけました。調子がいいんですよね。

カンヌでの出会い

『戦場のメリークリスマス』は83年のカンヌ映画祭にも出品され、ぼくは5月にカンヌに行きました。そこで、ベルナルド・ベルトルッチ監督［＊8］と対面します。

ベルトルッチは、「中国の最後の皇帝の映画を作ろうと思っている」とか、「そのための中国との交渉がすごく大変だ」とか、いろいろと話を聞かせてくれました。ぼくはずっと彼のファンだったので、幸せな気分で、たぶん目をキラキラさせて聞いてい

カンヌ映画祭にて　1983年

たと思います。

こんな魅力的な人と仕事がしたい、大島さんだけじゃなくてベルトルッチともやりたい、とぼくは思いました。なにしろ、貪欲《どんよく》な青年でしたから。でもまさか、自分が彼の作品の音楽を担当することになるとは思っていませんでしたし、実際彼の方からも、ぼくに音楽をやってほしい、というような話はまったくありませんでした。

このころにはまだ、将来的にも映画音楽に携わっていこうとは考えていなかったように思います。基本的に目の前のことしか考えていないタイプですし、そもそもYMOに参加して音楽を一生の仕事として意識したこと自体、せいぜいこの2、3年前のことでしたから。

でも、いま振り返ってみると、『戦メリ』に関わって、カンヌでベルトルッチに会ってという展開は、ぼくのその後の仕事の中でもとくに重要なものとなる「映画音楽」という一つの軸を形作ったことになります。

映画祭自体の華やかさも心に残りましたが、カンヌのことでいちばん印象が強かったのは、映画祭期間中と「祭りのあと」との落差でした。都合があって、ぼくはフェスティバルの翌日まで居残ることになり、たまたま、すごく閑散としたカンヌの街も見ることになりました。世界中から集まってきた赤絨毯《じゅうたん》の上のセレブたちも、企画の売り買いをする業界人たちも一気に姿を消して、誰もいなくなった浜辺を眺めていると、こうも変わるものなのか、と思った。一夜にして、静かな、ちょっと寂れた海辺の街に戻っていたんです。

カンヌのあと、ピカソゆかりのアンティーブ［＊9］という町や、ニースにも行きました。ぼくの大好きな『気狂《きちが》いピエロ』［＊10］では、アンナ・カリーナとジャン＝ポール・ベルモンドが2人で無銭旅行をして地中海まで行くんですが、ちょうどそれと同じような風景だな、と思った。それから、ぼくは10代のころには自分のことをフランス人だと、ドビュッシーの生まれ変わりだと思っていたぐらいですから、ドビュッシーもこんな景色を見ていたのか、と思ったりもした。

そんなことを考えながら、スティーヴ・ライヒを聴いてみたりして、ぼんやり地中海を眺めていたのを思い出します。アンティーブにはいつか住んでみたいなあと思っていたのですが、いまでは交通量もだいぶ増えたりして、様子が変わってしまったようですね。

旅立ちの年

83年にはＹＭＯの活動も再開していて、3月にシングル「君に、胸キュン。」が、

5月にこの曲を収録したアルバム『浮気なぼくら』[＊11]が出ました。映画『戦場のメリークリスマス』のサウンドトラック、『メリー・クリスマス・ミスター・ローレンス』[＊12]も同じく5月に発表して、その月のうちにカンヌ映画祭にも行ったわけですから、ものすごく活動的ですね。11月から12月にかけて、散開前最後の国内ツアーをやって、その期間中にＹＭＯのアルバム『サーヴィス』[＊13]と、ソロ・アルバム『コーダ』[＊14]が出ます。

このころにはすでに、細野さんも幸宏も、ソロ活動や他のアーティストのプロデュースの仕事などに精力的に取り組んでいました。ＹＭＯで最後の花を咲かせつつ、ＹＭＯ後の世界もどんどん開けていく。83年は、旅立ちの年だった、と言っていいと思います。

＊1　い・け・な・いルージュマジック　１９８２年2月14日リリースの、忌野清志郎と坂本龍一の共作によるシングル。資生堂のキャンペーン・ソングとなり、派手なメイクや2人のキスも話題になった。オリコンチャート1位を記録。

＊2　戦場のメリークリスマス　大島渚監督による代表作のひとつ。１９８３年公開。第2次世界大戦中のジャワ島の日本軍俘虜収容所が舞台。坂本は俳優としてヨノイ陸軍大尉を演じた。カンヌ国際映画祭ではグランプリ最有力と目されていたが、受賞したのは、『楢山節考』(今村昌平監督) だった。

＊3　ラロトンガ島　南太平洋にある、ニュージーランド自治領クック諸島の主島。
＊4　ビートたけし　１９４７年東京都生まれ。74年に漫才コンビ「ツービート」でデビュー。コメディアンとしての人気を確立した後、『戦場のメリークリスマス』（83）で俳優として注目を浴びる。『その男、凶暴につき』（89）で監督としてデビューし、『ＨＡＮＡ-ＢＩ』（97）でヴェネツィア国際映画祭金獅子賞受賞。２００５年より東京芸大大学院教授を務めた。
＊5　デヴィッド・ボウイ　１９４７年イギリス生まれのミュージシャン。70年代のグラム・ロックの中心人物。ミュージシャンとして『ジギー・スターダスト』（72）、『ヒーローズ』（77）、『レッツ・ダンス』（83）などの作品を生み出す一方、舞台『エレファント・マン』（80）や映画『地球に落ちて来た男』（76）、『ハンガー』（83）などでは俳優としても活躍。２０１６年没。
＊6　ジェレミー・トーマス　１９４９年イギリス生まれの映画プロデューサー。大島渚監督『戦場のメリークリスマス』（83）のほか、ベルナルド・ベルトルッチ監督の『ラストエンペラー』（87）、『シェルタリング・スカイ』（90）のプロデュースでも活躍した。
＊7　市民ケーン　１９４１年のアメリカ映画。脚本、監督、主演をオーソン・ウェルズが務めた。新聞王Ｗ・Ｒ・ハーストをモデルとしており、時間の交錯、パン・フォーカスによる撮影など、前衛的な手法を駆使して高い評価を集めた。現在でもしばしば、映画史上最高の作品と称される。
＊8　ベルナルド・ベルトルッチ　１９４１年イタリア生まれの映画監督。パゾリーニの原案による『殺し』（62）でデビューし、『暗殺の森』（70）、『ラストタンゴ・イン・パリ』（72）等で世界的な評価を確立。『ラストエンペラー』（87）、『シェルタリング・スカイ』（90）、『リトル・ブッダ』（93）のいわゆる「東洋3部作」でも知られる。
＊9　アンティーブ　フランス南部アルプ＝マリティーム県の港町。ピカソは１９３９年に「アンティーブの夜漁」という作品を描いている。また、46年に彼が滞在したグリマルディ城は現在はピカソ美術館になっている。
＊10　気狂いピエロ　１９３０年パリ生まれの映画監督、ジャン＝リュック・ゴダールによる、ヌーヴェル・

ヴァーグ時代の代表作のひとつ。65年に公開された。
＊11　浮気なぼくら　１９８３年５月24日リリースの、ＹＭＯの７枚目のオリジナル・アルバム。オリコンチャート１位を記録。
＊12　メリー・クリスマス・ミスター・ローレンス　坂本龍一による初めての映画サウンドトラック。１９８３年５月１日リリース。映画のメインテーマでもある表題作は、坂本龍一作品の中でも最もよく知られた曲のひとつ。
＊13　サーヴィス　１９８３年12月14日リリース。『増殖』（80）と同様、曲間にコントが挿入される奇抜な構成。コントには三宅裕司率いるＳＥＴ（スーパー・エキセントリック・シアター）が参加。
＊14　コーダ　『メリー・クリスマス・ミスター・ローレンス』のピアノ・ヴァージョン。１９８３年12月10日リリース。

18　音楽図鑑
——YMO散開前後・2

サウンドストリート

ぼくは気がつけばけっこう長いことラジオ番組をやっているんですが、初めて自分の番組を持ったのは1981年にはじめたNHK‐FMの「サウンドストリート」[*1]だったと思います。

小さいころに聴いていた糸居五郎さん[*2]の番組のような、ノリのいいDJ番組みたいなものは絶対できないとわかっていましたし、あまり興味もなかったので、ぼくがただ朴訥《ぼくとつ》にしゃべるという珍しい番組になりました。あれはひどい番組だったんじゃないかと思いますし、実際、雑誌がやっているFM番組のランキングで、ワースト1位に選ばれたこともあります。

番組の中で、素人《しろうと》の音楽作品を紹介するコーナーがありました。新しい才能を発掘しようとか、とくにそういうことを考えていたわけではないんです。そもそもこちらから募集したのではなくて、テープが自然に集まって来たんだったと思います。単純に、送られてきたから聴いてみて、面白いから番組でかけてみた。その中に、テイ・トウワくん［*3］や槇原敬之《まきはらのりゆき》くん［*4］の作品がありました。

テイくんの場合は、テクニックはないけどもとにかくセンスが異常によくて、他を圧倒していた。舌を巻いた。槇原くんの方は、センスというよりもそのテクニックがすごかった。当時14、15歳ぐらいで作った曲が、もういまと変わらないぐらいのクオリティだった。メロディー、ハーモニー、アレンジ、打ち込みも全部自分でやって、プロの作ったようなものを送ってきたんですよ。ビックリしましたね。

ぼくにビジネスの才能があれば、そのときに彼らを自分の事務所に入れちゃうとか、権利を持っちゃうとか、そういうことをしたのかも知れませんが、ただ番組で曲をかけただけでした。その後彼らは、自分の力でちゃんと世の中に出て来たんですね。

送られてくるテープには、いかにも素人っぽくてハチャメチャな、ガキの遊びみたいなものも多かったけれど、それがけっこう面白かった。やっぱり、自分にないものが聴けるというところが楽しかったんだと思います。

矢野さんとの結婚

矢野顕子さんと結婚したのは、82年の2月です。散開の少し前、YMOとしての活動を休止していたころですね。何年か前から一緒に暮らしていて、80年には娘の美雨も生まれていました。

ぼくは学生時代に1度結婚していたし、矢野さんも2度目の結婚だった。矢野誠さんという、すごく才能のあるミュージシャンと結婚していたんです。矢野誠さんのことは、ぼくもとても尊敬していました。とにかくすごくユニークな、かなり変わった人でした。ひとから変わっているといわれるぼくが言うぐらいですから、その程度はわかっていただけるのではないでしょうか。

ぼくはどうも、そういう人と暮らしている矢野顕子さんを、自分の力でなんとかしたい、と思ったのでしょうか。救う、というようなことではなかったとしても、矢野顕子という天才が、ぼくなんか手が届かないような特別な才能が、このままではだめになってしまうのではないか、それをぼくがなんとかできるのではないか、と考えたというのか。本当におこがましいんですが、そういう男気みたいなものがあったと思います。これはとにかく、男としても、人間としても、音楽家としても、守らなきゃいけない、本気でそんなふうに思っていました。

巨大な才能、自分を超えた力を持ったものに、自分を投げ込むようなところがあったと思います。自分が彼女に対して何かできることがあるし、それによって自分も引っ張り上げられる。

それは、けっして簡単な選択ではありませんでした。でもぼくには、何か大変なものを跳び越えることで違うレベルに行くことができる、と信じているところがあるんだと思います。大事な時には、だいたい自分にとって難しい方を選んできたような気がします。

時代の寵児《ちょうじ》たち

散開の少し前から、ぼくはいろいろなジャンルの人と会ったり、仕事をしたりしていました。82年には哲学者の大森荘蔵《しょうぞう》さん［＊5］と何度か対談をして本を出し、少しあとには吉本隆明さんともお会いして、やはり共著［＊6］を出しました。ニュー・アカ［＊7］の旗手と呼ばれた浅田彰《あきら》さん［＊8］や中沢新一さん［＊9］、柄谷行人《からたにこうじん》さん［＊10］とも親しくなった。作家では、中上健次さん［＊11］と話したり、村上龍《りゅう》さん［＊12］と遊んだり。糸井重里《しげさと》さん［＊13］とか川崎徹《とおる》さん［＊14］とか仲畑貴志《たかし》さん［＊15］とか、当時勢いのあった広告業界の人たちともよくつるんでいた。面白い時代でしたね。

音楽以外の分野の人たちとの交流が増えたのは、とくに向上心に燃えていたとか戦略的だったとか、そういうことではなかったんです。単純に、できることはなんでもやってやろうと思っていた。そうしたら、ラッキーなことにいろんな話が来て、いろんな人たちに会うことができた。

仕事や夜遊びの合間、車での移動中やスタジオでの待ち時間には、よく本も読んでました。夜になるとだいたい、西麻布あたりのカフェバーやクラブに出かけて行って、明け方まで女の子たちと遊んでいた。週に6日間ぐらいは徹夜だったと思います。このころは、高校時代と同じぐらい、好奇心旺盛《おうせい》で貪欲《どんよく》で活動的でした。

そういう毎日にぜんぜん飽きなかったし、体力的にもまったく平気でした。ぼくの周囲で働いている人たちにとってはたまったものではなくて、「坂本があまりに活動的で、これでは身が持たないから、毒を盛ろうかと思ったこともある」と事務所の人たちから聞いたこともあります。このころにマネージメントを担当していた人たちは、だいたい1年ぐらいで辞めていきました。ぼくだけが、いつも馬並みに元気がよかった。そんな生活が、渡米する38歳のころまで続きました。

音楽脳？

浅田彰さんや中沢新一さんのような、最先端の現代思想に関わる人たちとの対話がどうして成り立っていたのか、ちょっと不思議ですよね。これは吉本隆明さんに言われたことがあるんですが、ぼくが音楽を通じて、音楽以外の分野のこともいろいろ吸収してきたからみたいなんです。言語脳とか空間脳という言い方がありますが、ぼくの場合は音楽脳と言えるような思考回路を経由して、いろいろなものを感じたり考えたりしているようです。音楽という窓を介して、言葉や映像が扱う種類のものも吸収しているのかもしれない。

わかりやすい例で言うと、ぼくは古典から現代音楽のほうに向かっていくかたちでクラシック音楽を辿《たど》って来たわけですが、現代音楽が20世紀に入って抱えていた問題は、同じ時代の思想や他分野の芸術と共通だというふうに感じていた。シュルレアリスム［＊16］とかダダ［＊17］とか、あるいはポストモダン［＊18］とか、そういう音楽以外の運動や概念の要点を、ぼくは音楽的な知識や感覚を通じて理解することができた。いきなり「ああ、それはわかります」と、彼らとのコミュニケーションの回路に入っていくことができた。それはきっと、それまでに音楽で同じようなことを考えたり実践したりしてきたからなんでしょう。

音楽図鑑

第一線で活躍するいろいろな人たちとの触れ合いは、もちろんぼくの作品にも影響しています。それは、彼らとの濃密な対話への、音楽という形でのぼくからの返答、といってもいいかもしれません。それがいちばん凝縮された形で表れているのが、84年の『音楽図鑑』［＊19］という作品だと思います。脳やシュルレアリスムという話にさきほど触れましたが、それはそのまま『音楽図鑑』というアルバムの中心的なテーマでもあります。

突き詰めて考えると、音楽を作るのも、楽しむのも、脳がやっていることだ、という言い方ができます。音楽とはなにか、なぜ人は音楽を作るのか、というような普遍的な話も、いまでいう脳科学的な側面から考えることができる。当時のぼくの関心は、そういうところに向かっていました。

そんな問題意識もあって、ぼくはこのアルバムでアンドレ・ブルトン［＊20］の自動筆記［＊21］的な音楽の作り方を徹底的に試してみたんです。足掛け2年にわたって、ほとんど毎日、とにかくスタジオに入ってそのときに無意識に出てくるものを書き留める、ということを繰り返した。

無意識というのは個人的なものではなくて、たとえばラスコーの壁画［*22］のような、人類が芸術表現を始めたころの神話的なもの、集合的なものともつながっている。そういうところにまで降りていく作業を音楽の形で実践しようとしたのがこのアルバムだと思います。

それはいわば、そういうかたちでしか表現され得ないものを表現しようとする努力ですが、実際に曲を作ることで、当然ながら、自分も聴けるし他人も聴ける、現実の音楽になってしまう。それをまた打ち破ろうと、毎日スタジオに通う。その繰り返しでした。

エスペラント

『音楽図鑑』のあとには、『エスペラント』［*23］というアルバムを作りました。これはモリサ・フェンレイ［*24］という舞踏家からの依頼で作ったものです。海外からの依頼はまだほとんどないころでしたから、驚いたけれど、とても嬉《うれ》しかった。彼女からはこういう音楽を作って欲しいというような注文は一切なく、何をやってもいいというので、100パーセント好きにやらせてもらいました。

このアルバムはぼくの作品の中では決してポップなものではなく、実験色の強いものなんですが、新しいことに挑戦できたという満足感がありました。当時出てきたばかりのサンプラーや最新のコンピューターを使って録音し、音楽の部品をバラバラにしてつなぎ合わせる、というようなことをした。本当にうまく音楽になるのかわからないような手探りの作業でしたが、とても面白かったし、結果としてすごいところまでたどり着いてしまった、と自分では思いました。

そのフェンレイのバレエの公演を、ちょうど日本に来ていたフェリックス・ガタリ［＊25］が観《み》に来てくれました。そして「バレエはつまらないけど音楽は素晴らしい」と言ってくれたんです。当時流行していた脱構築的な文脈で、ぼくの音楽を賞賛してくれた。これはぼくにとって最高の賛辞でした。

どうして『エスペラント』の方向性で音楽を続けていかなかったんだろうと、今になって悔しく思ったりすることもあります。あのまま続けていれば、すごいことができたかもしれない、なんて。でもまあ、それが人生ですよね。

未来派野郎

86年には『未来派野郎』［＊26］をリリースしました。「未来派」［＊27］というのは、イタリアの芸術運動ですね。デュシャン［＊28］やケージをはじめ、20世紀の数々の芸術家、様々な芸術運動にぼくは強い影響を受けてきたわけですが、20世紀の芸術運動のそもそもの始まりというのは未来派なんですよ。

ミラノの街に、街路灯が灯《とも》り、自動車が走った、そういうような社会の変化をきっかけに、未来派が始まった。スピードと力の世紀の始まりを反映した芸術運動です。その未来派の運動の中に、20世紀的なパラダイムが全部含まれているんじゃないか、とぼくは思ったんです。そこからもう一度、20世紀というものを眺めてみたい。それが制作の動機でした。

未来派については、もともと何となくは知っていたんですが、このときにいろいろなものを観たり、聴いたり、文献にあたったりするうちに、どんどん興味が出てきて、未来派についての本［＊29］を出版したりもしました。こんなにすごいものなんだということを、どうしても伝えたくなったんですね。未来派はやがてファシズムにつながっていく運動でもあって、いろいろ矛盾も含んでいるんですが、とにかくこんな面白いものはないと思った。

未来派の芸術家たちは、変な音の出る、巨大なノイズ発生器みたいな楽器を作ったりもしていました。いわゆる騒音、ノイズを初めて音楽に取り入れ、サンプリング・ミュージックの元祖みたいな音楽も作った。やっぱり20世紀音楽の起源みたいなものがここにあるんだと、ぼくは感じました。未来派の芸術からもらった、そういういろいろなインスピレーションが詰まっているのが、このアルバムです。

このアルバムが発売された86年は、ぼくが映画『ラストエンペラー』の撮影に参加した年でもありました。

＊1　サウンドストリート　NHK-FMで放送された、平日夜のラジオ番組。坂本龍一のほか、佐野元春、山下達郎、渋谷陽一らがDJを務めた。現在は、J-WAVEの番組「RADIO SAKAMOTO」に、坂本龍一がリスナーの作品を紹介するコーナーがある。
＊2　糸居五郎　1921年生まれのディスクジョッキー、ニッポン放送アナウンサー。日本で初めての本格的DJといわれる。84年没。命日の12月28日は「ディスクジョッキーの日」とされている。
＊3　テイ・トウワ　1964年生まれのミュージシャン、DJ。武蔵野美術短期大学在学時に「サウンドストリート」でデモテープが取り上げられ、注目を集める。87年にグラフィックデザインを学ぶため渡米し、DJとしても活動する。90年ディー・ライトのメンバーとしてアメリカでデビュー。94年に帰国してソロ活動を開始。坂本龍一と共同で、お笑い芸人ダウンタウンによるユニット「Geisha Girls」のプロデュースも行った。
＊4　槇原敬之　1969年生まれのシンガー・ソングライター。84年に「サウンドストリート」に投稿したテープが坂本龍一に絶賛され、優秀作品をまとめたコンピレーション・アルバムに収録される。90年に「AXIA MUSIC AUDITION'89」グランプリ受賞。同年WEAミュージックよりデビュー。91年、映画『就職戦線異状なし』の主題歌となった「どんなときも。」が170万枚を超える大ヒットとなる。2003年にSMAPに提供した「世界に一つだけの花」の売り上げは300万枚を超えた。

＊5　大森荘蔵　1921年生まれの哲学者。物理学から哲学に転向して科学的哲学を志向し、実存主義、マルクス主義などとは異なる哲学の新たな局面を開いた。著書に『言語・知覚・世界』(71)、『物と心』(76)、『時間と自我』(92、和辻哲郎文化賞)など。坂本との対談は『音を視る、時を聴く［哲学講義］』として出版された(82、朝日出版社刊、現在はちくま学芸文庫に収録)。97年没。

＊6　吉本隆明との共著　吉本隆明は1986年に坂本との共著『音楽機械論』を刊行している。

＊7　ニュー・アカ　ニュー・アカデミズムの略。1980年代前半から急激に注目を集めるようになった、新しい学問の潮流。三浦雅士が編集長を務めた雑誌『現代思想』が大きな役割を果たしていたといわれ、浅田彰、中沢新一はニュー・アカの中心人物として知られる。

＊8　浅田彰　1957年生まれの経済学者、社会思想研究者。83年、構造主義とポスト構造主義の思想を系統的に位置づける『構造と力』が、思想書としては異例の15万部を超えるベストセラーとなる。84年には『逃走論』を発表、「パラノからスキゾへ」は流行語に。『批評空間』等の雑誌の編集、文学賞の選考等、幅広く活躍を続けている。

＊9　中沢新一　1950年生まれの宗教学者、思想家。79年よりチベット仏教僧に弟子入りして密教の修行を積み、80年に帰国、東京外国語大学アジア・アフリカ言語文化研究所助手となる。83年の『チベットのモーツァルト』は浅田の『構造と力』と並んで大きな注目を集めた。著書に、『僕の叔父さん　網野善彦』(2004)、『アースダイバー』(05)、など。

＊10　柄谷行人　1941年生まれの文芸評論家。本名・柄谷善男。東京大学大学院で英文学を専攻、67年に修士課程修了後、69年に「〈意識〉と〈自然〉――漱石試論」で群像新人文学賞評論部門を受賞する。著書に『マルクス　その可能性の中心』(78、亀井勝一郎賞)、『日本近代文学の起源』(80)、『探究Ⅰ／Ⅱ』(86、89)、『トランスクリティーク』(2001)など。

＊11　中上健次　1946年和歌山県生まれの作家。高校卒業後上京、『文芸首都』同人となる。羽田空港で肉体労働に従事しながら創作を続け、『岬』(75)で芥川賞受賞。『枯木灘』(77)で毎日出版文化賞、芸術選奨新人賞を受賞。故郷熊野の風土と葛藤を濃密に描いた作品群を残し、92年没。

＊12 **村上龍**　1952年長崎県生まれの作家。本名・村上龍之助。武蔵野美術大学在学中の76年に、デビュー作『限りなく透明に近いブルー』で群像新人文学賞および芥川賞受賞。代表作に『コインロッカー・ベイビーズ』(80)、『イン ザ・ミソスープ』(97)、『共生虫』(2000)、『半島を出よ』(05) など。

＊13 **糸井重里**　1948年生まれのコピーライター。代表作に「おいしい生活。」(西武百貨店)、「くうねるあそぶ。」(日産セフィーロ) など。坂本龍一のソロ・アルバム『左うでの夢』(81) には「スナオ・サカモト」というコピーを寄せている。

＊14 **川崎徹**　1948年生まれのCMディレクター。代表作に「ハエハエカカカ キンチョール」(キンチョール)、「いかにも一般大衆の喜びそうな」(サントリービール) など。

＊15 **仲畑貴志**　1947年生まれのコピーライター。代表作に「カゼは、社会の迷惑です。」(ベンザエース)、「目の付けどころが、シャープでしょ。」(シャープ) など。81年にサントリー・トリスウイスキーのCMで、カンヌ国際広告映画祭金賞受賞。

＊16 **シュルレアリスム**　超現実主義。フランスを中心に1920年代から展開された前衛芸術運動。フロイトの影響を受け、無意識の世界を描こうとした。文学、美術、思想など幅広い分野にわたる。

＊17 **ダダ**　第1次世界大戦のころからヨーロッパやアメリカで起こった芸術運動。既成の価値体系を否定し、反美学的・反道徳的な傾向が強い。やがてシュルレアリスムへと発展した。

＊18 **ポストモダン**　もともとは建築の分野で使われ始めた言葉で、近代の合理主義的傾向を超える考え方を指すことが、幅広い意味・文脈で用いられる。

＊19 **音楽図鑑**　坂本龍一4枚目のソロ・アルバム。1984年10月24日リリース。

＊20 **アンドレ・ブルトン**　シュルレアリスムの中心人物の一人。1924年に「シュルレアリスム宣言」を発表した。

＊21 **自動筆記**　フランス語でオートマティスム。シュルレアリスムの基本的な概念の一つで、意識に左右されない状態で、意識以外のものの力によって何かを書き記すこと。

＊22 **ラスコーの壁画**　フランス・ドルドーニュ県の洞窟遺跡にある後期旧石器時代の彩色壁画。1940

年に地元の少年によって発見された。この洞窟を含むベゼール渓谷の装飾洞窟群は79年に世界遺産に登録されている。

＊23　エスペラント　坂本龍一5枚目のソロ・アルバム。1985年10月5日リリース。

＊24　モリサ・フェンレイ　モダン・ダンサー、振付師。1954年にラスベガスで生まれ、幼少時をナイジェリアで過ごす。ミルズ・カレッジでダンスを学び、77年に「モリサ・フェンレイ・アンド・ダンサーズ」を結成。以後、アメリカ、日本のほか、ドイツ、オーストラリア、インドなどでも公演。ミルズ・カレッジで教鞭を執っている。

＊25　フェリックス・ガタリ　1930年生まれのフランスの哲学者。パリ大学を卒業後、精神科医として診療に携わる一方、哲学の分野でも活躍した。ジル・ドゥルーズとの共著『千のプラトー』(80) は、ポスト構造主義批評の代表的著作のひとつである。彼が用いた「スキゾ」や「リゾーム」などの言葉は、このころ日本でもよく使われた。92年没。

＊26　未来派野郎　坂本龍一6枚目のソロ・アルバム。1986年4月21日リリース。

＊27　未来派　1909年にイタリア・ミラノで始まった芸術運動。この年に「未来派設立宣言」を行って運動を創始したのは詩人のフィリッポ・トンマーゾ・マリネッティ。美術、音楽、文学、建築など、多分野の芸術家が運動に参加した。旧来の手工業的な芸術を否定し、文明がもたらした機械的要素やスピードを賛美した。兵器や戦争を肯定的に捉えるような傾向があり、やがてファシズムの政治運動に身を投じる芸術家も多かった。

＊28　マルセル・デュシャン　1887年生まれのフランスの芸術家。ダダイスムの中心人物で、20世紀美術全体に大きな影響を与えた。絵画から出発し、印象派や未来派の影響を受けた作品を残すが、やがて絵画を放棄、ありふれた日用品を提示するだけの「レディメイド」の作品を発表して美術界に衝撃を与える。1917年、ニューヨーク・アンデパンダン展に出品された、「泉」(男性用便器のレディメイド作品) が有名。

＊29　未来派についての本　細川周平との共著『未来派2009』は、1984年に坂本自身が設立した出版社「本本堂」から86年に刊行された。

4

1986-2000

19　北京《ペキン》へ
——ラストエンペラー・1

ハラキリはしない！

映画『ラストエンペラー』［＊1］に携わったことは、やはりぼくにとって非常に大きな経験でした。ベルナルド・ベルトルッチ監督と仕事をするのは、ものすごく面白かった。毎日が濃密でした。

ベルトルッチ監督に初めて会ったのは、すでにお話ししたとおり『戦場のメリークリスマス』が出品された1983年のカンヌ映画祭でした。ぼくが大島監督に紹介されてあいさつすると、憧《あこが》れのベルトルッチ監督は『ラストエンペラー』の話を滔々《とうとう》と始めた。こんな映画を作ろうとしていて、でも中国当局との交渉がなかなか難しくて、等々。騒がしいパーティー会場で、立ったまま、ぼくは1時間近くその話を聞き続けました。すごく面白そうだなあとは思いましたが、まさか自分が関わることになろうとは、夢にも思いませんでした。

出演の依頼が来たのは、3年ほどあとのことでした。撮影の許可を取ったりするのに手間取ったそうで、86年に北京の紫禁城［＊2］でようやく撮影が始まり、それから3カ月ぐらい経《た》ったころにぼくが合流することになりました。

実は、事前に台本をもらって読んでいて、どうしても納得がいかないところがひとつだけあったんです。ぼくが演じる甘粕《あまかす》［＊3］は、切腹して死ぬということになっていた。現地に行ってからぼくは頑強に抵抗しました。「この映画にはぜひ参加したいけれど、切腹だけはどうしても嫌だ、日本人として恥ずかしい」と。「日本人といえば切腹というようなステレオタイプの発想は、あなたも恥ずかしく思うはずだし、世界中のあなたのファンもそれをよしとするはずがない」と、必死に説得しました。

甘粕は2年あまりフランスに滞在していたりもして、当時としてはかなりモダンな男でした。「そんな彼が切腹なんかするはずない、銃にしてくれ」とぼくは懇願しました。甘粕がモダンな男だったのはベルトルッチも知っていて、映画の中では甘粕のオフィスの壁には未来派の絵が描かれていました。ぼくは「ハラキリを取るのか、ぼくを取るのか。ハラキリを取るのなら、ぼくは今すぐ日本に帰る」と言って粘った。ベルトルッチはだいぶ悩んだようでしたが、結局、甘粕は銃で自殺することになりました。実際の甘粕は、服毒自殺するんですが。

甘粕正彦《まさひこ》として叫ぶ

到着した日に、溥儀《ふぎ》役のジョン・ローン［＊4］に初めて会いました。みんなはもう3カ月ほど撮影を続けていたので、それぞれすっかり役に入り込んでいました。彼は「きみは日本の黒幕の甘粕で、ぼくの敵だから、撮影が終わるまではきみとは話さない」という。ぼくはチャラチャラチャラした気分で行ったので、なんだこの人はと驚きました。

その後もぼくは冗談ばかり言ってチャラチャラしていました。甘粕が皇帝に向かって「お前なんか傀儡《かいらい》だ、日本の人形だ」というようなことを言う大事なシーンがあるんですが、監督に「1週間後にそのシーンを撮るから、それまで二度と笑うな。アマテラスオオミカミのことを思え」と言われました。あまりにチャラチャラしていたので、見かねたんでしょうね。それまでは毎晩、撮影が終わればみんなで食事をしに行って一緒に遊んでいたんですが、誰も遊んでくれなくなってしまった。

そして、実際にそのシーンを撮る日がやってきました。監督は、ぼくの怒り方が足りないというので、「こういうふうに怒れ」と怒って見せる。ぼくはそれを真似《まね》して

『ラストエンペラー』撮影風景　坂本の隣がベルトルッチ監督

やるんだけど、全然だめだという。「モルト、モルト、モルト！」と。なかなかOKをもらえなかった。

「エイジア・ビロングズ・トゥ・アス！」という台詞《せりふ》もありました。アジアはわれわれのものだ、ということですよね。演技とはいえ、そんなことを言わなきゃいけないのは、とても辛《つら》かった。でも、雇われてる以上は仕方がないから、ダメ出しをされながら「エイジア・ビロングズ・トゥ・アス！」と何度も何度も叫ぶ。いろいろなことを考えさせられました。

北京の天皇陛下

映画の中に、天皇陛下が東京駅で溥儀を迎えるというシーンがあって、その天皇陛下役のエキストラを急遽《きゅうきょ》探したことがありました。キャスティング・ディレクターは北京中を走り回り、見事にそっくりな人を見つけてきた。それはたまたま日本人で、北京で貿易会社か何かを経営している人でした。髭《ひげ》の具合なんかも、昭和天皇に本当によく似ていた。この人がなかなか変わった人で、打ち解けて雑談をしているうちに、面白い話をしてくれました。

仕事でしばらく東京に戻っていた彼のところに、自分の会社で雇っている中国人の

甘粕正彦役の坂本と皇后役のジョアン・チェン

女性から手紙が来たそうです。北京の路上で2人が話しているところを、誰かが公安に通報したらしい。当時は、公共の場で外国人と接触するのはスパイ行為みたいなものだったらしい。彼女は公安に捕まってしまって、このままでは収容所送りになってしまう、でも彼が結婚してくれるならそうならずに済む、と。

それでどうしたのかと思ったら、彼はそのまま結婚してしまったという。その時の彼女が、今の奥さんになったというんです。なんだかすごい話ですが、実際ぼくも、親しくなった中国人の女の子が、道ですれ違っても目もあわせてくれない、というような経験を何度かしました。1986年の中国は、ぼくたち外から来た者には窺《うかが》い知れないところのある社会だったのです。

タイムスリップ

ぼくたちは北京、大連、長春と移動しながら撮影を進めていきました。北京では本物の紫禁城の中を借り切って撮影をし、長春に移ってからは満州国の皇帝が実際に住んだ宮殿を使いました。紫禁城の中身は、蔣介石《しょうかいせき》が台湾に持っていってしまったのでほとんど何もなかったんですが、シンメトリックな建築とあの広さには、やはり圧倒されました。長春も、日本が作った満州国の首都だったところですから、だだっ広い大通りがあって、街が碁盤の目になっていて、迫力があった。

長春でぼくたちが泊まっていたのは関東軍の将校宿舎だったところで、隣の建物に移動するのに自転車がいるくらい広かった。遊技場というのがあって、ビリヤード台が置いてあるんですが、台の下を見たら「昭和三年・○○社製」とか書いてある。いろんなものが戦前のまま残っていて、タイムスリップしたような経験でした。

大連は、うちの父が学徒動員で一時駐屯《ちゅうとん》していた場所でもありました。父はそのあと、ハルビンへ移動したそうです。ソ満国境近くで野営していると、国境の向こう側からはソ連兵が何か歌ったりしてるのが聞こえてきた――そんな話を小さいころに聞いたことがあります。自分の目で町を見ることも、当時の満州を描いたこの映画に関わることも、父の戦争体験を追体験するようで、やはり感慨深いものでした。

＊1 ラストエンペラー　ベルナルド・ベルトルッチ監督の代表作のひとつ。１９８７年公開。清朝最後の

皇帝、溥儀の生涯を描き、アカデミー賞9部門を独占した。プロデューサーは『戦場のメリークリスマス』と同じくジェレミー・トーマス。

＊2 紫禁城 明・清時代の北京の宮城。１９２４年に溥儀が退去、以後は「故宮」として一般公開されている。世界遺産。『ラストエンペラー』撮影時、中国政府の協力のもとに紫禁城を借り切ってのロケが行われたことは、大きな話題になった。

＊3 甘粕正彦 １８９１年、宮城県生まれの軍人。陸軍士官学校出身。１９２１年憲兵大尉となり、23年、関東大震災の混乱に乗じて大杉栄らを殺害したとされる（甘粕事件）。懲役刑を受けるが、26年に仮出獄して翌年渡仏。帰国後満州に渡り、満州国建国に関与。満州国民政部警務司長、協和会中央本部総務部長、満州映画協会理事長などを務める。45年8月20日に54歳で服毒自殺。

＊4 ジョン・ローン １９５２年生まれの俳優。香港出身。出演作に『イヤー・オブ・ザ・ドラゴン』（85）、『ラストエンペラー』（87）、『エム・バタフライ』（93）、『ラッシュアワー2』（２００１）など。

20　今すぐ、音楽を作れ
——ラストエンペラー・2

急遽、作曲を担当

『ラストエンペラー』の撮影は、北京で始まって、大連、長春と場所を変えながら続きました。長春でも実際の宮殿を使って、溥儀が満州国皇帝として即位する場面を撮影することになった。ベルトルッチ監督は、その場面で生の音楽を入れたいと言い出しました。そしてぼくに「戴冠《たいかん》式の音楽を、すぐに作れ」という。

ぼくはそれまで役者として撮影に参加していたわけで、音楽を作ることになるとは思っていなかった。ベルトルッチ監督の方も、ぼくに俳優としてのオファーをしたときには、音楽を担当させようとは考えていなかったと思います。何しろ、旧知の間柄のエンニオ・モリコーネ［*1］が毎日のように電話してきて「ぼくにやらせろ」と言っていたそうですし。まあ、ぼくがこのとき監督に指示されたのは、ひとまず撮影現場でその場面の曲を作ることであって、作品全体のサウンドトラックを担当することではないんですが。

民族音楽には昔から興味があって、学生時代に勉強したりもしていましたが、中国の音楽というのはあまり好きになれず、中国風の音楽は書いたことがないし、ほとんど聴いたことすらなかった。撮影現場には機材もないし、作曲とレコーディングに使える時間は3日ぐらいしかないという。

ベルトルッチ監督は「エンニオはどんな音楽でもその場ですぐに書いたぜ」とニヤッと笑う。ぼくとしては、そこで引き下がるわけにはいきませんでした。

甘粕大尉《たいい》の亡霊

曲を書くにあたっては、せめてピアノが欲しい、と希望を出しました。そうしたら、旧満州映画協会のものを貸してもらえることになった。満州映画協会は、満州鉄道映画部から発展してできた、当時の国策映画会社です。そのスタジオにあったアップライトピアノを、もとは将校宿舎だったぼくの部屋まで、現地の人たちがトラックで運んでくれた。ピアノはもともと状態が良くないのに、ガタガタ道を運んで来たものだから、調律もめちゃくちゃでした。でもまあ何を言っても仕方がないので、ほとんど音を想像しながら書くような状態で作曲しました。

レコーディングは改めてその旧満州映画協会のスタジオですることになりました。演奏は、そこの劇場付きの楽団にしてもらうことになった。ピアノを返しつつ、ぼくもトラックの荷台に乗ってスタジオに向かいました。

スタジオに着くと、かたことの日本語のできるコーディネーターのおじいちゃんがいて、「あんたが甘粕シェンシェイね」と言う。なんと、甘粕本人を知っている人でした。訊《たず》ねてみると、18歳のころから、満州映画協会のオーケストラでフルートを吹いていたとのこと。「甘粕シェンシェイには可愛《かわい》がってもらった」「甘粕シェンシェイはえらい人、大人《たいじん》ね」と言っていました。そうやって現地の人に慕われて、魅力的な面もあったんでしょうね。

場所は満州映画協会、演奏は地元の楽団ですから、つまりほとんど当時のままの音がするんです。違っているのは、そこに立っていた甘粕の銅像が毛沢東のものに変わっていたことぐらい。あとはもう昔のままです。そこここに甘粕の亡霊が見えるようで、怖かったですね。

当時、どんな音楽がどんなふうに演奏されたのかは分かりませんが、おそらく、中国楽器を多少取り入れつつも、ちょっと洋風の音楽だったのではないかと思います。

日本人が作る、国威発揚につながるような音楽ということですから、かなり妙ちきりんなものだったはずです。

ぼくが書いたのは、ナポレオンの戴冠式ではないですが、ちょっとフランスの匂《にお》いが入った、ファンファーレ調の重厚なものです。現地の演奏家たちはけっして上手《うま》くないのですが、その下手さ加減もとてもリアルで、よかった。

宿舎といい、スタジオといい、そのおじいちゃんといい、対面しているうちに当時の世界に飲み込まれるような感じがしました。その天井の高い宿舎で寝ているときには、本当に関東軍の将校の亡霊が出てきそうで怖《おそ》ろしかった。

映画というものには、何か現実と虚構の境を飛び越えてしまうようなところがあると思います。そういう強い磁力みたいなものを映画は持っていて、撮影現場で人が死んだりすることもある。「現実」とか「虚構」というのはあえて境界を設けるための言葉で、もともと現実は虚構で、虚構も現実で、境い目はないんです。そういう言葉の境界を越えた本当のことが、映画には映ります。『ラストエンペラー』の中でも、間違いなくそういうことが起こっていたと思います。

ローマへ

6カ月にわたる中国での撮影が終わって、スタッフはイタリアに移動し、ローマのチネチッタ（映画都市）［＊2］という撮影所で続きをやりました。隣のスタジオ棟ではフェリーニ［＊3］が撮影していたり、マルチェロ・マストロヤンニ［＊4］が歩いていたりして、とても興奮しました。マストロヤンニは葉巻をくわえて、ただならぬオーラがあって、ものすごくかっこよかったな。

チネチッタというのは、ムッソリーニが作った巨大な映画スタジオですので、成り立ちには満州映画協会と似たところがあります。ヒトラーもそうでしたし、ファシストたちは映画好きなんですね。日本のファシストが作った長春から、同じ時代にイタリアのファシストが作ったチネチッタに移動して、また歴史の中にいるような感じがして、頭が変になりそうでした。亡霊だらけで。

ファシズムには何か崇高な美に対する強い憧《あこが》れのようなものがあります。彼らは、ただ野蛮なだけではなく、高貴で教養があって、洗練されている者もいた。ベルトルッチの作品の中のファシストたちもそうです。だから『ラストエンペラー』では、甘粕のオフィスは未来派の絵で飾られてなくてはいけなかったんです。

ふたたび突然の依頼

撮影が終って半年ぐらいしたころ、ぼくは仕事でニューヨークにいました。ホテルをチェックアウトして、まさに車に乗ろうとしていたところ、フロントの人に呼ばれた。「坂本さん、電話です」というので出てみたら、プロデューサーのジェレミーからでした。「龍一、『ラストエンペラー』の音楽をやってくれ」と言う。しかも「1週間で」。「えー、いまニューヨークで、これから東京に帰るところで……」と答えると「とにかくすぐやってくれ」という。

ぼくは、2つ希望を伝えました。まず、時間はせめて2週間は欲しい。1週間東京で作業をして、編集作業が行われているロンドンに移って続きをやる。もう1つは、アシスタントを雇うこと。当時EPIC・ソニーに篠崎さんというすごく優秀な女性がいて、ぼくたちは「鉄の女」と呼んでいたのですが、彼女をその1週間雇って欲しい、と。とりあえず、条件は聞き届けられました。

どういう音楽を作ればいいのか、ぼくはベルトルッチに訊《き》いてみました。「中国が舞台だがヨーロッパ映画であり、戦前から戦中の話だけれど現代の映画だ、それを表すような音楽を作れ」と言われました。

そんなことを言われても、と思いましたが、途方に暮れている余裕もありませんの

プロデューサーのジェレミー・トーマスと

で、西洋風のオーケストラの音楽に中国的な要素をふんだんに盛り込んで、20〜30年代のファシズムの台頭を感じさせるような、たとえばドイツ表現主義〔*5〕的な要素が入っているような音楽、だいたいそういうスタイルを頭の中に描きました。

そしてまずは東京で作業を始めました。とはいっても、すでにお話ししたとおり、中国音楽はそれまで一切勉強してこなかったので、とりあえずレコード屋に走って、20巻ぐらいある中国音楽のアンソロジーを購入、丸一日かけて全部聴きました。そして、時代とシチュエーションを考慮して、この楽器は使うべきだ、というものを選び、東京近郊の中国人演奏家を捜します。曲を書き、並行して録音も進め、中国楽器の演奏家に弾いてもらってそれも録音する。3人のオーケストレーターと共に1週間それを繰り返しました。毎日、ほとんど徹夜でした。

当時はインターネットがありませんでしたので、BBCとNHKの間の衛星回線というものを使わせてもらい、ロンドンとの間でデータのやりとりをしました。1曲送るのに1時間ぐらいかかる、とても便利とはいえないものでしたが、郵便を使う時間的余裕もないので仕方ありません。送ったものを聴いてもらい、電話で話し合い、録音し直す。そうやってできあがった44曲を持って、手伝ってもらっていた上野耕路くんとロンドンに飛びました。

ロンドンへ

ロンドンに着いてみると、なんと、映画の編集がすっかり変わっていました。当然、それでは作った音楽と合わない。ベルトルッチ監督は、放っておくと半年でも編集を続けて全然違う映画にしてしまうような人なんです。編集がどんどん変わって、あったシーンがなくなったり、順番が替わったり、もう滅茶苦茶です。

翌日にはもう録音をすることになっていて、でも合わないところがあちこちできてしまっているので、また徹夜でその晩のうちに上野くんと、ホテルの部屋で書き直しました。ピアノも何もないホテルの部屋で、当時はコンピューターもないので電卓をたたいて「何秒減ったから、辻褄《つじつま》を合わせるためには何小節と何拍」というような計算を必死にやって、書き直す。もう大騒ぎです。結局ロンドンに着いてからの1週間も寝られず、昼間は録音、夜は書き直し、それを繰り返しました。

でも、苦しいことばかりだったわけではありません。溥儀の第2王妃が、もうがまんできない、と出ていってしまう印象的なシーン［＊6］があるんです。ぼくはそのシーンも女優さんも好きなんですが、その部分の音楽を初めて聴かせた時に、みんな「ベリッシモ！」「ベリッシモ！」と言って、抱き合って、もう踊り出さんばかりに大喜びするんです。びっくりしましたが、あの瞬間の一体感は忘れられません。ああ、これがイタリア人と仕事をすることの悦《よろこ》びなんだなあと思いました。

＊1 エンニオ・モリコーネ 1928年ローマ生まれの作曲家。父はトランペット奏者。6歳から作曲を始め、10歳でサンタ・チェチーリア音楽院に入学。卒業後、室内楽やオーケストラ曲の作曲家として活動を開始。61年に『ファシスト』（日本未公開）で映画音楽デビュー。以後、『荒野の用心棒』（64）、『さすらいのガンマン』（66）、『アンタッチャブル』（87）、『ニュー・シネマ・パラダイス』（89）、『海の上のピアニスト』（98）など、音楽を担当した映画は300本にのぼる。2020年没。

＊2 チネチッタ ローマ郊外にある映画撮影所。「チネ」は映画、「チッタ」は都市のこと。1937年にムッソリーニによって設立された。フェリーニの『甘い生活』（60）、『8½』（63）、ヴィスコンティの『白夜』（57）などのイタリア映画のほか、ワイラー『ベン・ハー』（59）、スコセッシ『ギャング・オブ・ニューヨーク』（2002）など、アメリカ映画も制作されている。

＊3 フェデリコ・フェリーニ 1920年生まれのイタリアの映画監督。『青春群像』（53）がヴェネツィア国際映画祭銀獅子賞受賞。続く『道』（54）が大ヒットして国際的名声を得る。『甘い生活』（60）はカンヌ国際映画祭最高賞を受賞。他の作品に、『サテリコン』（69）、『フェリーニのアマルコルド』（73）など。93年没。

＊4 マルチェロ・マストロヤンニ 1924年生まれの俳優。イタリアの小都市、フォンターナ・リーリの家具職人の家に生まれ、ローマとトリノで育つ。兵士として第2次世界大戦に参戦、イタリア降伏後はドイツ軍の捕虜収容所に入れられるが脱出し、終戦までヴェネツィアで隠遁生活を送る。終戦後、映画の制作スタッフとして働きながら演劇を学び、ヴィスコンティに見出されて映画デビュー。『甘い生活』（60）、『8½』（63）、『女の都』（80）など、フェリーニ作品への出演多数。96年没。

＊5　**ドイツ表現主義**　絵画、文学、演劇、音楽など広い分野の芸術に見られた傾向。従来の近代社会が崩壊したという認識から、印象主義や自然主義を否定し、不安、焦燥、悪夢、狂気といった要素を強調した主観的傾向の強い表現を展開した。

＊6　**印象的なシーン**　溥儀の第2王妃、文繡を演じたのはヴィヴィアン・ウー。このシーンに使われた曲「レイン」は、様々な編成で複数のアルバムに収録されている。

21　突然の贈り物
――世界へ・1

試写の衝撃

『ラストエンペラー』の音楽は、東京で1週間、ロンドンで1週間、合わせてわずか2週間という地獄のようなスケジュールの中で書き上げ、録音したものです。ほとんど不眠不休での作業を終えたあとは、過労で入院という、ぼくとしては初めての事態になってしまいましたが、ともかく音楽を完成させて、提出することができた。大きな達成感がありました。

でも実は、ベルトルッチはその後も作業を続けて、映画自体ができあがるまでに、さらに6カ月ほどかかっているんです。そして試写の日、完成した映画を観《み》て、ぼくは椅子《いす》から転げ落ちるくらい驚きました。

ぼくの音楽はすっかりズタズタにされて、入院するほどまでして作った44曲のうち、使われているのは半分ぐらいしかなかった。必死に文献を調べて研究し、この場面ではきっとこういう音楽が流れているに違いない、と思えるぐらいまでエネルギーを注ぎ込んで作った音楽が、あっさりボツにされていました。それぞれの曲が使われる場所もかなり変えられていたし、そもそも映画自体がずいぶん違うものになっていた。もう、怒りやら失望やら驚きやらで、心臓が止まるんじゃないかと思ったほどです。

それ以来、試写会というものにはあまり行かないようにしているんです。本当に、身体《からだ》に悪いですから。

その後また何カ月かして、今度はアカデミー賞にノミネートされたという連絡がありました。映画制作の濃密な体験から離れて、通常の仕事に戻っていましたから、まさに〝忘れたころ〟という感じでなんだか不思議でしたが、すぐにロサンゼルスへ飛びました。そしてふたを開けてみれば、『ラストエンペラー』が9部門を独占するという、たいへんなことになった。突然の贈り物のようでした。

アカデミー賞授賞式

授賞式会場には、クリント・イーストウッド［＊1］がいるわ、グレゴリー・ペック［＊2］がいるわで、さすがに興奮しました。

イーストウッドのスピーチは印象的でした。彼は「9部門を独占し、今年はまさに『ラストエンペラー』の年だった」というような話をしたあとで、「こういう映画を、アメリカはもう撮れない」と続けた。

イーストウッドが言っていた「こういう映画」というのは、「群衆を撮る映画」のことでした。古くは『イントレランス』[＊3]から、ハリウッドは大がかりな舞台装置を用意し、カメラやライティングの方法を熟考し、さまざまな技術を結集して「群衆を撮る映画」を作ってきた。でもベトナム戦争以後、アメリカの映画はすっかり内向きになり、大きな世界を描かなくなっていた。内面へ内面へ、下へ下へ、という感じ。

「昔のハリウッドにあったような、群衆が動いている映画というものを、イタリア人監督であるベルトルッチが作ってくれた。こういう映画を、アメリカはもう撮れない」とイーストウッドは言った。その一言を聞いたときには、なんだか感激しました。

受賞にあたって、ぼくもステージでひとことスピーチをしました。「ベルトルッチ監督をはじめ、映画に関わったみんなに感謝します」というような簡単なものだったんですが、突然のことで頭の中は真っ白ですから、ずいぶんブロークンな英語でしゃべってしまった。「I wanna thank...」と言った瞬間に、あ、しまった、と思った。

まあ外国人だし、そんな立派な場に出るようには育っていないので、仕方がないんですが、自分としてはあれは一生の不覚ですね。

ベルトルッチ的モチーフ

俳優や作曲家という立場を離れて、観る側に回ってみても、この『ラストエンペラー』という映画には面白いところがたくさんあります。

ベルトルッチは、やはり文化大革命というものを大きなテーマの一つとして考えていたと思います。革命を通じて、満州国皇帝から、ただの平民になっていく人間の姿を描いている。これはいわば毛沢東主義［＊4］の話なんですね。昆虫で言えば蛹《さなぎ》から成虫になっていくようなもの。実際、映画の中ではコオロギが溥儀と重なり合う存在として象徴的に使われている。

それまでのベルトルッチ作品に見られるいろいろな主題が、この映画の中に集約されて出て来ていることも見逃せません。『1900年』［＊5］と『ラストエンペラー』は、舞台はイタリアと清《しん》とでまったく違っていますが、ぼくには兄弟のような映画に思えます。たとえば「布」というモチーフ。『1900年』の中ではたくさんの赤旗がはためくシーンがあるんですが、『ラストエンペラー』では、皇帝の戴冠《たいかん》式で大きな黄色い布がはためいている。

それから、面白いのは「自転車」というモチーフ。これはベルトルッチに限らず、イタリア映画にはよく出てくるものではありますが、『1900年』と『ラストエンペラー』にもちゃんと出てきます。あの封建的な清の社会で、皇帝が自転車に乗るなんて許されないことだったはずなのに、『ラストエンペラー』の皇帝もやっぱり自転車に乗るんですよ。

ほかにも、「門と壁」「乱舞」「背を向けて去って行く父」等、ベルトルッチ的な主題がたくさん盛り込まれている。ぼくが作った音楽も、そういうベルトルッチ的モチーフを意識したものになっています。門のテーマ、別れのテーマ。

当然、フロイト的な視点で観ても、ロラン・バルト的に読み解いても面白い。ヨーロッパの観客は、ある程度そういうことを楽しみつつ観てるんじゃないかな。

イタリアとのかかわり

ベルトルッチと仕事ができたのはとても幸運なことでしたが、ぼくの場合さらに幸運だったのは、それを3回も経験できたことです。回を追うごとに、より密接で濃密なコミュニケーションを取ることができるようになった。言葉のやりとり自体もだんだんスムーズになっていったし、お互いの考え方についてもより深くわかってきた。そうすると、作り出すものも、より良いものになっていくんです。

ベルトルッチというイタリアの国宝級の監督と仕事ができたことによって、イタリア中の人たちにとても良くしてもらえるようにもなりました。どんな小さい田舎町に行っても大事にされる。ときどきぼくは「人はいいし、食べ物もワインもおいしいから、もうコンサート・ツアーをやるのはイタリアだけにしようか」と冗談を言ったりしています。イタリアでは、小さな町にも良い会場があって、みんな熱心に聴いてくれます。ベルトルッチ映画の曲をやらなくても、かなり実験的なものをやっても、こちらの「熱」を受け止めてくれる。そういうところは「ローマ帝国」の文化遺産かなと思います。

制約と他者

映画音楽の仕事は、それ以後もいろいろやりました。たとえば自分ですべて自由に作ることのできるソロ・アルバムに比べると、映画の仕事はいろいろ制約が多い。でもぼくの場合、好きにやれと言われるよりむしろ、制約や条件がある方が仕事はやりやすいんです。そういう意味では、映画音楽の仕事には向いているのかも知れません。

『ラストエンペラー』のときには、時間の制約もあったし、それまでまったく触れたことのなかった中国の音楽を採り入れた音楽を作らなくてはいけませんでした。しかも、監督はいつもいつも「モルト・エモーショナル！」、もっと感情的に、と怒鳴っていて、それは自分がやってきた音楽とはまさに正反対のことでした。でも、結果として良いものができた。

YMOの時もそうでした。グループとして活動していくために、自分の中にはなかったタイプの音楽を作ることになり、そのことが良い結果を生んだし、自分自身の音楽を発展させることにもなった。制約とか他者の存在というのは、とても重要だと思います。

『ネオ・ジオ』と『ビューティ』

『ネオ・ジオ』[*6]をリリースしたのは、『ラストエンペラー』が公開された87年です。民族音楽色の強いアルバムで、バリ島や沖縄の音楽を採り入れています。もちろん、民族音楽的なアプローチというのは急に始めたことではなくて、85年のアルバム『エスペラント』の中にはアフリカやアイヌの音楽の要素が入った曲もありますし、そのころ実際にバリ島へ行ったりもしました。『エスペラント』は『ネオ・ジオ』の引き金になったアルバムだと言ってもいいと思います。

バリではいろいろ印象深い体験をしましたが、中でも心に残っているのは、芸能のリーダーみたいな長老が言っていた「バリ島にはプロのミュージシャンは一人もいない」という話。お金をもらって音楽をやるようになると、芸能が廃《すた》れるんだそうです。バリのミュージシャンはみんなすごい能力を持っているんですが、お百姓とか大工とか、それぞれに職業を持っていて、音楽で食べているわけではない。すごく自覚的に、音楽を商品化しないようにしているわけです。個人が音楽を消費するようなこともない。そうやって注意深く文化を存続させてきた。

民族音楽に興味を持ち始めた10代のころから感じていることですが、共同体が長い時間をかけて培《つちか》ってきた音楽には、どんな大天才も敵《かな》わないと思うんです。モーツァルトだろうが、ドビュッシーだろうが。共同体の音楽には絶対に勝てない。

昔、オランダがバリに攻め込んできたときに、バリ島の人たちは王宮に立て籠《こ》もって、ガムランを演奏した、という話を聞いたことがあります。武力に音楽で対抗したんですね。もちろんあっという間にオランダ軍に撃たれてしまうわけですが、それほどまでに音楽というのはバリの人たちにとって大事なものだったんです。

『ネオ・ジオ』では、実際に沖縄の人たちに来てもらって録音をしました。ぼくは、バリの音楽と同じように、沖縄の音楽にも10代のころから興味を持ってはいましたが、一方、それは簡単に扱うべきものではないと感じてもいた。いつかきちんとした時期が来たときに、沖縄の音楽に向き合えばいい、と思っていました。それが『ネオ・ジオ』で巡ってきたわけです。

当時は「ネーネーズ」［＊7］もまだなくて、沖縄音楽といえば伝統的な民謡がほとんどでした。それをポップスの土俵に持ち込んだのは、細野さんをのぞけばたぶんぼくが初めてだったと思います。そういうアイディアへの抵抗も強かったと思いますが、でもぼくには、博物館の中の民謡としてではなく、いろいろなものと触れて現在の音楽として変化していくことこそが、生きた音楽としての沖縄音楽に必要なものだ、という考えがありました。そして、自分の音楽がそういう流れにつながる新しい芽を生みだすことに少しは貢献ができたとの自負があります。

もともと日本の音楽だと思われているものにも沖縄音楽の影響は少なくありませんし、西洋のクラシック音楽だっていろいろな文化の要素を含んでいる。有名な例としてはモーツァルトの「トルコ行進曲」がありますが、バッハの「シャコンヌ」などは、中南米から伝わってきたものらしい。どこかの土地に固有のものだと思われがちな音楽も、そうやって絶えず影響し合い、生きている。

89年のアルバム『ビューティ』［＊8］にも、沖縄の音楽が何曲か入っています。沖縄だけではなくて、いろんな国のいろんな文化をミクスチャーにしていくという『ネオ・ジオ』からの傾向を引き継いでいます。

このアルバムの一番の狙《ねら》いは、機械で作ったリズムを使わないということ。クラフトワークやYMOがやっていたような機械的なテクノの音は、このころになると急速に浸透して一般的になっていた。ぼくはあまのじゃくですから、そういう傾向に今度は反発を覚えるようになっていた。

もちろん、単にYMO以前に回帰したというわけではないんですが、機械的なものへの反発は、民族音楽への志向を持っていた10代のころの自分ともつながっていたと思います。

生田くんのこと

ぼくが長い時間を一緒に過ごしてきた、生田くん［＊9］の話もしておきたいと思います。

初めて会ったのは大学時代でした。ぼくより2、3歳年下で、当時は慶応の学生だったんですが、すごく音楽に詳しくて、楽器や機械のこともよく知っていた。レコーディングか何かの現場で知り合ってすっかり仲良くなり、ぼくの仕事のマネージメントをしてもらうようになりました。YMOのアルバムやワールド・ツアーでも、ずっと一緒にやってきました。

彼は子ども時代を海外で過ごし、英語にとても堪能《たんのう》でした。それを生かして、一時期はぼくとの仕事から離れ、海外のミュージシャンのコーディネーターやレコードのプロデューサーとして活躍していました。やがて80年代の半ばごろに、ぼくの方も海外関係の仕事が多くなってきたので、またマネージメントをお願いすることにした。キャブ［＊10］というぼくの個人事務所も、彼と一緒に立ち上げました。空里香《そらのりか》もすでにスタッフに加わっていて、彼と空とぼくとで、いつも一緒にいた。『冒険者たち』［＊11］の3人みたいな感じでした。

彼は『ラストエンペラー』の撮影にも同行してくれていました。あの仕事は、彼がいなかったらできなかったかもしれない。実は、日本人医師の役で映画に出演もしています。アカデミー賞の授賞式にも、もちろん一緒に出席しました。

映画も良い形でできあがったことだし、お互い長い間たいへんな密度で仕事をしてきたので「ちょっと自分たちにご褒美《ほうび》をあげよう」ということで、初めて長い休暇を取ったんです。1カ月ほど。彼はメキシコに行き、ぼくは沖縄に行くことにしました。

そしてそのまま、彼は旅先のメキシコで死んでしまった。自動車事故でした。まるで映画のようです。

沖縄に出かける前の夜にメキシコから電話がかかってきて、彼の死を知りました。ぼくは旅行をキャンセルして、テキサス経由でメキシコへ、遺体を引き取りに行きました。彼が亡《な》くなったのは、プエルト・バヤルタという、ごく普通の観光地でした。車が崖《がけ》から落ちて亡くなった、と電話で聞いていたので、どんなすごい崖なんだろうと思っていたんですが、何ということもない、数メートルほどのものだった。現場がまったく劇的でないことが逆に悲しかった。こんなんで死んじゃうんだな、と。

それから半年ぐらいは立ち直れませんでした。本当に大切なものが急に失われること、それに抗《あらが》うことができないという不条理を、感じざるを得なかった。それからもう一つ強く感じたのは、これは親しい人を亡くしたときにいつも感じることなんですが、いかに自分がその人のことを知らないか、ということでした。彼とは何年もの間、毎日一緒に過ごしてきたのに、彼が本当はどういう人間だったかということを、ぼくは知らなかった。その、人間と人間の越えられない溝の深さに、打ちのめされました。

＊1　クリント・イーストウッド　1930年アメリカ生まれの俳優、映画監督。59年のテレビ西部劇シリ

ーズ「ローハイド」で人気を集め、64年のイタリア映画『荒野の用心棒』で世界的な注目を浴びる。『許されざる者』（92）、『ミリオンダラー・ベイビー』（2004）でアカデミー賞作品賞・監督賞を受賞。カリフォルニア州カーメル・バイ・ザ・シー市の市長を務めたこともある。

＊2 グレゴリー・ペック　1916年アメリカ生まれの俳優。カリフォルニア州立大学医学部卒業後、舞台俳優を経て映画デビュー。『ローマの休日』（53）、『白鯨』（56）等に出演。『アラバマ物語』（62）でアカデミー賞主演男優賞を受賞した。2003年没。

＊3 イントレランス　1916年のアメリカ映画。監督はD・W・グリフィス。人間の不寛容を主題とし、現代、バビロン、ユダヤ、中世の4つの物語が錯綜しながら描かれる。カット・バック、クローズ・アップ、ロング・ショット等、様々な表現手法が満載で、莫大な制作費をかけた大掛かりな撮影装置が使われたことでも有名。

＊4 毛沢東主義　歴史的・政治的事件としての「文化大革命」は、1960年代なかばから70年代なかばまで、およそ十余年にわたって中国で続いた「実権派対毛沢東派」の権力闘争。広範な中国人民を巻き込んで内戦的混乱をともないつつ、反／非・毛沢東派の政治・文化・芸術指導者たちが「資本主義の復活を企てる輩」として、しばしば暴力的に排撃された。清朝最後の皇帝にして満州国の皇帝でもあった溥儀の生涯を描いた『ラストエンペラー』は、文革時に横行した権力的な「思想改造」をめぐるドラマに重ねて見ることもできる。

＊5 1900年（ノベチエント）　1976年公開のベルナルド・ベルトルッチによる映画。1901年生まれの2人の男性の生涯を軸にイタリア現代史を描く、上映時間5時間以上に及ぶ大作。ロバート・デ・ニーロ、ジェラール・ドパルデューらが出演。

＊6 ネオ・ジオ　坂本龍一7枚目のソロ・アルバム。1987年7月1日リリース。

＊7 ネーネーズ　1990年結成の沖縄音楽のユニット。「ネーネー」は、沖縄の言葉で「おねえさん」のこと。古謝美佐子・吉田康子・宮里奈美子・比屋根幸乃の4人の歌い手を、沖縄音楽界の第一人者・知名定男がプロデュースする形で結成。地元宜野湾市の民謡酒場「島唄」での活動のほか、94年にはヨーロッパ公

演も行うなど、国内外で広く活躍する。数度のメンバー交代を経て、現在も活動を続けている。

＊8　ビューティ　坂本龍一8枚目のソロ・アルバム。1989年11月21日リリース。

＊9　生田朗　1954年神奈川県生まれ。山下達郎、大貫妙子、坂本龍一のマネージャーを務めたあと、YMOの初代マネージャーとなり、ワールド・ツアーにも同行。のちにプロデューサー、コーディネーターとして独立した。88年8月、旅行先のメキシコで交通事故により死去。妻はミュージシャンの吉田美奈子。

＊10　キャブ（KAB）　坂本龍一の個人事務所。1987年設立。空里香は立ち上げ当初からのスタッフで、のちに新レーベル commmons の運営も手がける。

＊11　冒険者たち　ロベール・アンリコ監督によるフランス映画。1967年公開。海底に眠る財宝を探すためコンゴに旅立つ男2人女1人を、アラン・ドロン、リノ・バンチュラ、ジョアンナ・シムカスが演じる。

22　ニューヨークへ
——世界へ・2

渡米

アカデミー賞受賞後、ハリウッドの映画会社をいくつか回って、プロデューサーを訪問する機会がありました。受賞のご挨拶《あいさつ》、という感じです。すると彼らは、異口同音に「いつ引っ越してくるんだ？」と訊《たず》ねるんです。すぐにロサンゼルスに移住して、毎週、週末にはパーティーに出て関係者と交流する。そんな生活を、ぼくも始めるのが当然だと思っていたらしい。「ハリウッド村に住まないと仕事がない」というわけです。

「ロサンゼルスに住んだりするつもりは全然ないんです」と言うと、「ああそう」と、もうそこでシャットアウトされたような感じでした。

ぼくはハリウッド村の住人にはならず、１９９０年にニューヨークに引っ越すこと

アカデミー賞のほかゴールデングローブ賞も受賞

になります。当時はもうヨーロッパやニューヨークでの仕事が多くなっていて、たとえば2、3カ月ロンドンにいて、1週間だけ東京に戻ってきて、また2カ月ほどニューヨークに行く、というような状態でした。そうするとだんだん、日本に住まいを持って暮らしていくのが辛《つら》くなってきた。ニューヨークならスタジオやミュージシャンのこともよく知っているし、ヨーロッパにも比較的近いので、まあ、ニューヨークに移るか、ということになったんです。

ちょうどそのころ、ソニーの盛田昭夫さん［＊1］とお会いする機会があって、ソニーも本社を移そうと思っている、というお話を聞きました。盛田さんは「世界のいろんな主要マーケットに近い場所がいいから、北極圏。アンカレッジあたりかな」と冗談を言っていました。

ぼくも発想としては同じようなものです。ニューヨークへ移ったのは、どこへ行くにも近いから、という程度の単純な理由です。特別な思い入れや決意みたいなものがあったわけではありません。ちょっともったいないですね。せっかくだから、何か胸をしめつけられる思いとか、そういうのがあったら良かったのかも知れません。

ある日、海外ツアーから帰ってきたら「もう来週引っ越しよ」と矢野さんに言われ「あ、そうなの」と、バタバタと引っ越しをしました。引っ越しのことは、ほとんどすべて、矢野さんに任せっきりでした。けっこう持ち物も多かったと思うんですが、なぜか引っ越し業者を雇うという考えがぼくたちには浮かばなくて、ボストンバッグにあれこれを詰めて、20個以上、自分たちで持っていきました。めちゃくちゃですね。

移民の国

ニューヨークに移って最初に住んだのは、アップステートといって、マンハッタンの北、車で40分ぐらいのところにある上品な地区でした。弁護士や医者が住んでいるような高級住宅地です。近くには、門からは玄関が見えない、という大きな家もありました。

90年当時の日本の経済は、かすかに翳《かげ》りが見え始めてはいたけれど、まだ強かった。そんな時期ですから、ニューヨーク周辺には日本企業の駐在員もたくさんいて、日本人人口はかなり多かったようです。

引っ越しの翌日、地図をたよりに、美雨［*2］の手を引っ張って一番近くの小学校に連れて行きました。学校のこともまったく調べずに引っ越してしまったわけです。美雨は小学校4年ぐらいでした。

学校では女性の校長先生が出てきて応対してくれました。「昨日引っ越して来たんだけど、この子、入れてやってください」と言ったら「いいわよ、いいわよ、明日からいらっしゃい」という。手続きは何も必要ないようで、ずいぶんいい加減なんだなあと思いました。

そしてまず「何年いるの?」と訊《き》かれた。というのも、そのあたりに住んでいる日本人の子どもは、だいたい駐在員の子ですから、3年とか5年で日本に戻ってしまうんですね。「昨日越して来たばかりで、何年いるとも全然決めてなくて、いられるだけいいようと思ってるんだけど」と答えたら、もう「ウエルカム!　ウエルカム!」と大歓迎された。面白いですよね、移民の国のホスピタリティというのでしょうか。

骨を埋めるとまでは言わなくても、きちんとここに住む、ここがホームになるという人と、数年で帰ってしまう人ではやっぱり違うんでしょうね。「いられるだけいようと思っている」という言葉に、仲間としての感情というか、何か温かいフィーリングを彼女は持ったのだと思います。

実際のところ、どのくらいいようとか、将来どうしようとかいうことは、何も考えていませんでした。ぼくは土地に執着がある方ではないんだと思います。そもそも、何事にもあまり執着がないのかも知れませんが。

移住者の匂《にお》い

移住してまもなく、村上龍が映画の仕事でニューヨークに来たんですが、彼に「移住者の匂いがする」と言われたのを思い出します。彼とは日本に住んでいるころから親しくしていましたが、ニューヨークに引っ越したぼくに接して、故郷を捨てた人間の雰囲気というか、根無し草っぽい感じというか、そういう「匂い」を感じたんだそうです。

子どもがいるとむやみに移動するわけにもいきませんが、もしぼくがひとりだったら、どんどんあちこち行ってしまっていたと思います。実際、ヨーロッパの方が面白いな、と感じることは多いですし、アメリカに飽きたらイタリアに住んじゃおうかな、なんて思ったこともあります。まあ、ヨーロッパに限らず、基本的には諸々《もろもろ》の都合さえよければどこに住んでもいいし、呼ばれればどこへでも行くという感じで生きてきたように思います。

でも最近、京都あたりに住みたいなあ、というような気持ちもあるんです。できたら自分の母国語、日本語が通用しないところでは死にたくない、と思ったりして。

韓国生まれで日本の大学に行き、ベルリンやニューヨークで暮らしたナム・ジュン・パイクさんが言っていたことで、印象に残っていることがあります。韓国人はちょっと狩猟民的で、獲物があるとどこにでも行って、そこに住む。獲物がよそに行けば、それを追って移動すると。でも日本人は漁民的というか、遠洋漁業には行くけれど、自分の港に、自分の町に帰ってくる。そう言っていました。そのとおりだとしたら、ぼくも今は遠洋漁業に出ているけれど、そのうち港に帰るのかもしれないな。

日本の物差し

ニューヨークには、それまで何度も仕事で来たことはあったんですが、ホテルに泊まるのと実際に住んでみるのとではやはり全然違う。暮らすうちに、いろいろ学びました。

到着してまもなく、家具を買いました。店に見に行って、その場で注文した。翌週ぐらいには届くのかと思ったら、3カ月かかるという。耳を疑いましたが、まあ仕方ありません。そして、3カ月後に荷物が届いてみると、自分で組み立てろという。腹が立ちましたが、ともかく組み立ててみると、今度は部品が足りない。さらに、部品が届くのにまた2カ月ぐらいかかるという。ぼくは気が短いですから、もうほんとに憤慨しました。電話を引くときにも、業者がなかなか来なくて、ぼくはカンカンになって慣れない英語で業者と大喧嘩《おおげんか》をしました。

しかし、ものを頼むとすぐ届く、すぐ来てくれるなんていう国は、きっと世界広しといえども日本ぐらいなんです。日本が特殊なんですね。たぶん、イタリアでもモロッコでも中国でも、もっと大変です。日本の物差しで測っちゃいけないんだという当然のことが、1年ぐらいすると実感としてわかってくる。

ニューヨークの心地よさ

ニューヨークに憧《あこが》れがあって移住したわけではないんですが、ニューヨークっていいなと思う部分も、もちろんあります。

音楽に関して言えば、やはり人種のるつぼというか、世界中の音楽が手の届くところにあるんです。こちらに来てから、ブラジル人音楽家のネットワークが広がり、ヒップホップをやっている若い人と知り合えたりもしました。近所のデリの韓国人店主が、実はカヤグム［*3］の名人だったり、なんてこともあります。レコーディングをするときに、ちょっとアフリカのギターを入れたい、と友人に相談すれば、翌日には

ビル・ラズウェルと

もうアフリカ人が来てくれる。
　東京もだいぶ国際的になったとはいえ、なかなかそうはいきません。やっぱりニューヨークは、ミュージシャンの層が厚いんだと思います。パリやロンドンにも外国人ミュージシャンはたくさんいますが、ニューヨークほど幅広い国の幅広い音楽をカヴァーしてはいない。ニューヨークなら南米の人も、中東の人も、アフリカ人もアジア人もいる。これはありがたいことです。
　もう一つ、ニューヨークという土地の持つ、一種の無関心というか、そういうものが心地良いというのはあるかもしれません。ニューヨークというのは、共同体的なものに寄りかかれないというか、安易には愛してくれない街ではあるんです。でもぼくの場合、何かに所属するということが子どものころからとにかく嫌いだったので、そういう意味では楽なんです。とりあえず何者でもなく暮らせる。それはぼくの性に合っている。
　いずれにしても、なんとなくふらっとアメリカに来てしまって、気がついたらもう

19年もいる。いつの間にか、人生の中で一番長く暮らしている土地になりました。

＊1　**盛田昭夫**　1921年愛知県生まれの実業家。大阪帝国大学物理学科卒業後、海軍技術中尉となり、井深大と知り合う。戦後、46年に井深と東京通信工業（現・ソニー）を設立。テープレコーダーやトランジスタラジオを「ソニー」ブランドで販売し、世界的企業に育てた。58年には社名をソニーに変更。71年社長に就任、76年会長。94年ソニー会長を退任。99年没。

＊2　**坂本美雨**　1980年生まれのミュージシャン。父は坂本龍一、母は矢野顕子。9歳でニューヨークに移住。97年、テレビドラマ主題歌となった「The Other Side of Love」でRyuichi Sakamoto featuring Sister M名義でデビュー。98年から本名で本格的に音楽活動を開始し、これまでに10枚のアルバムをリリース。音楽活動のほかにも映画評の執筆、翻訳など、活動の幅を広げている。

＊3　**カヤグム（伽倻琴）**　朝鮮半島の伝統楽器。『三国史記』には、もともとは唐の楽器をまねて作ったものとあり、日本には奈良時代に紹介されて「新羅琴」と呼ばれ、正倉院に保存されている。現在日本で広く知られる13弦の箏も奈良時代に唐から伝わったもので形もよく似ているが、カヤグムはひとまわり小さく、楽器の片側を膝に乗せて、縒りの異なる12本の絹糸の弦を指で弾いて演奏する。

23　ハートビート
――世界へ・3

湾岸戦争と『ハートビート』

渡米の翌年、1991年には湾岸戦争［*1］があります。しかも、戦争の始まった日は、1月17日、ぼくの誕生日でした。砂漠の嵐《あらし》作戦というやつです。びっくりしました。子どものころに、周囲の大人が「こないだの戦争はね」と言ったりするのを聞いたことはありましたが、自分が住んでいる国が戦争を始めたというのは、初めての経験ですから。

そのころ一緒に仕事をしていた会計士の一人が、ある日坊主頭《ぼうずあたま》になっていた。「どうしたの？」と訊いたら、「いや、来週から湾岸に行くんだ」という。冗談だと思ったんです。でも、本当に行ってしまった。そのときはやはり、アメリカという国がどうこうとかではなく、とにかく彼が無事で帰って来てほしいという気持ちでいっぱいだった。本当に自然な気持ちとして、無事を祈った。しばらくして、彼は無事に戻ってきました。

あとで詳しく訊いてみたら、彼は大学に入るときに奨学金を貰《もら》って、予備役［＊2］になっていたんだそうです。すると、有事のときには呼び出される。大学を卒業して、ずっと会計士として立派に働いていたのに、当時35歳ぐらいで、突然軍隊に入れられてしまった。学費を捻出《ねんしゅつ》するために予備役になるというのは、アメリカではよくあることです。

このときは、戦争という状況に対して自分が何か具体的に行動を起こす、というようなことは、ほとんど考えていませんでした。アメリカに移住したばかりで、自分の国だという意識もまったくありませんでしたので。ただ、戦争が始まって、身近な人が突然戦場に行って、というのは、衝撃的な経験でした。

戦争の間、アメリカ中の家庭が、黄色いリボンを玄関先に結んでいました。昔からの伝統で、無事に帰ってくるようにという祈りを込めて、リボンを結びつけるんです。その気持ちは分かりました。

あの戦争自体は、表面的には、あっという間に終わりました。アメリカは勝ち、兵士たちはブロードウェイを凱旋《がいせん》行進する。そして、高いビルの窓から、みんなが紙を投げるんです。映画にもそういう場面がよく出てきますよね。あれが目の前で行われていました。

そして、支持率9割という、国民の圧倒的支持を受けていた当時の父ブッシュ大統領［*3］が、戦争後に「新世界秩序」ということを言い出した。ニュー・ワールド・オーダー。ヒトラーの用語です。ニューヨークにはリベラルな人間が多いですから、そういう発言には敏感で、ブッシュのポスターにヒトラーのちょび髭《ひげ》が落書きしてあるのを見かけたりもしました。でも、それもニューヨークとサンフランシスコぐらいで、ブッシュは実に9割という国民の圧倒的支持を受けていた。ぼくはアメリカが新たな形の覇権を目指していると思い、強い嫌悪感《けんおかん》を持ちました。

そんなころに発表したのが『ハートビート』［*4］です。心臓の鼓動、ですから、ぼくのアルバムのタイトルとしては、かなりストレートですね。湾岸戦争のあと、ぼくはまだ社会的に意見表明をするというようなことはしていませんでしたが、この作品には戦争を通じて感じた怒りが満ちている。実際、そういう思いを歌詞にしたラップの曲もあります。

『ハートビート』というのは、胎内で聞こえる音、のことでもあります。胎内回帰というのが、このアルバムの一つのテーマなんです。それはもしかしたら、ニューヨークに移ったこととも関係しているのかもしれない。日本という土地とのつながりがなくなって、何か原初的なものを求めていたのかもしれません。

スパニッシュ・イヤー

翌年の92年を、ぼくは勝手にスパニッシュ・イヤーと呼んでいるんですが、スペイン関係の仕事がこのころ立て続けに舞い込みました。バルセロナ・オリンピック［*5］の開会式の仕事のほかに、ペドロ・アルモドバル［*6］の映画『ハイヒール』の音楽や、セビリア万博への出演の依頼もあった。91年から92年にかけては、何度もスペインに足を運びました。

オリンピックの仕事は、実はいちど断ったんです。ぼくは、スポーツイベントというものが大嫌いなんですよ。そうしたら、開会式のプロデューサーが3人ニューヨークまで会いに来てくれたんです。そして、自分たちのアイディアを良く見て考えてくれと。

話を聞いてみると、とても過激で先進的なものを考えていることがわかりました。そして、プロデューサーの親分格の男が、すごく魅力的だったんです。ペポという名前で、本職は弁護士なんですが、とてもおしゃれで音楽や演劇にも詳しい、バルセロナのちょっとした名物親父《おやじ》なんです。風貌《ふうぼう》はジャン・ギャバン［＊7］みたいな感じ。ぼくは彼にすっかり惚《ほ》れ込んで、結局引き受けることにしました。

バルセロナといえば、ぼくらの世代にはやっぱりスペイン内乱［＊8］、市民戦争のイメージがありますよね。キャパ［＊9］の写真とか、映画『誰《た》が為《ため》に鐘は鳴る』［＊10］を観《み》たりして、カタルニアの義勇兵に共感した。

オリンピックの開会式では、スペイン国王が、なんとカタルニア語でスピーチをしたんです。これは驚くべきことでした。しかも、開会式の会場になったモンジュイックの丘は、かつての内戦で1万人もの死者を出した激戦地で、会場の裏手にはその死者たちの墓が並んでいる。鎮魂の催しでもあったわけです。

ついこの間まで、名前のカタルニア語表記も禁止、カタルニア語の童謡も歌ってはいけない、というような状態だったのが、国王がカタルニア語でスピーチをしている。会場の人たちは、みんな泣いたんです。自分の音楽のことよりも、その人たちの一員としてその場にいられたことが、とても幸福でした。本当に感動しました。

バルセロナ五輪開会式

バルセロナの街自体もけっこう気に入って、ここは自分の第2の故郷だ、と思ったりしたほどです。重工業がない分、観光やアートやファッションを本当に大事にしている街なんです。ダリやミロやガウディは、彼らの命そのもののようなものなんですね。そして、そういう認識が、一部の文化人だけでなく市民みんなに共有されている。

ぼくは街に出たりすることはめったにないんですが、開会式の翌日、自分にご褒美《ほうび》という気分になってちょっと買い物に行ったら、お店の人が「あなたの音楽はすばらしかった。わたしたちからの気持ちです」と言ってプレゼントをくれた。あれはとてもうれしかったな。

YMO「再生」

翌93年には、YMOが「再生」[*11]します。このときは3人とも、音楽的に一緒に何かやろうという思いがあったわけではなくて、もうちょっと政治的というか、周囲の人たちのお膳立《ぜんだ》てで再結成したんです。騙《だま》されたというと言い過ぎですが、まあ、のせられちゃったんですね。

あのころはやっぱり、今と比べるとまだまだ若くて、散開前の確執がぜんぜん癒《い》えていなかった。むしろ、ぼくはよりエゴが強くなっていたと思います。

レコーディングやミックスはニューヨークでやりました。ニューヨークなんだから俺が仕切る、みたいな感じで、ぼくがずいぶん強引に自分の好みを押し付けたように思います。ぼくは「今ニューヨークではそうじゃないんだよ」というような調子でした。当時はハウスが流行していて、ハウス独特のテンポや音色でないとダサい、みたいな思い込みがちょっとあったんです。そもそもぼくはハウスのミュージシャンでもなければ、ニューヨークのスタイルを代表しているわけでもないのに、なんだか子どもっぽいですよね。

当然、2人とも不機嫌そうにしてましたし、ぼくも不機嫌でした。東京ドームでのライブでも、3人はけっこう険悪な雰囲気で、ほとんど目も合わせませんでした。あまり楽しくはなかった。いまのHASYMOとはぜんぜん違いました。

ファンはいい迷惑だったと思いますし、自分としても、音楽的にそんなに面白いものは作れなかったという悔しさはあります。どうせ再生するんだったら、音楽的にも自分たちが誇れるものを残したかったんですが、うまく力がかみ合っていませんでした。要するに、機が熟していなかったんですね。

＊1　湾岸戦争　1990年8月2日のイラクによるクウェート侵攻をきっかけとして、翌91年1月17日に

アメリカを中心とする多国籍軍のイラク空爆によって起こった戦争。この空爆は「砂漠の嵐」作戦、2月24日からの地上戦は「砂漠の剣」作戦と呼ばれた。2月27日、ジョージ・H・W・ブッシュ大統領の勝利宣言で戦争は事実上終結。その後、イラクのフセイン政権はジョージ・W・ブッシュが指揮したイラク戦争で2003年に崩壊する。

＊2　**予備役**　米軍の場合、陸海空軍・海兵隊・沿岸警備隊予備と、陸空軍州兵があり、現役部隊と同じ任務を遂行できるように制度化されている。予備役に登録することにより報酬や学費補助が受けられるため、経済的理由から予備役に登録する人が多い。

＊3　**父ブッシュ大統領**　ジョージ・H・W・ブッシュ。1924年生まれ、第41代アメリカ合衆国大統領（89-93）。第43代大統領、ジョージ・W・ブッシュの父。66年に初めて下院議員となり、共和党全国委員会委員長、アメリカ国連大使、中国特命全権公使、CIA長官、危機委員会評議員などを歴任。任期中、アメリカはパナマに侵攻し、湾岸戦争では多国籍軍を主導した。湾岸戦争での軍事行動成功直後の支持率は約9割に達したが、景気の後退、公約に反する増税等により支持を失い、92年の大統領選挙ではビル・クリントンに敗れた。

＊4　**ハートビート**　坂本龍一9枚目のオリジナル・アルバム。1991年10月21日リリース。タイトルは、胎児が聞く母親の心音をイメージしたもの。湾岸戦争を主題にしたラップ・チューン（「Triste」）も収録されている。

＊5　**バルセロナ・オリンピック**　1992年7月25日から8月9日まで行われた夏季オリンピック。カタルニア自治州バルセロナは、当時の国際オリンピック委員会会長フアン・アントニオ・サマランチの出身地でもあった。坂本龍一が開会式の音楽の一部を担当、オリンピック体育館は磯崎新が設計。

＊6　**ペドロ・アルモドバル**　1949年生まれのスペインの映画監督。作品に『アタメ』（90）、『ハイヒール』（91）、『オール・アバウト・マイ・マザー』（99）、『トーク・トゥ・ハー』（2002）など。

＊7　**ジャン・ギャバン**　1904年生まれのフランスの映画俳優。シャンソン歌手を経て映画界へ。代表作に『望郷』『大いなる幻影』（ともに37年）など。76年没。

＊8　**スペイン内乱**　1936年から39年にかけてスペインに起こった内戦。人民戦線政府に対して軍部が蜂起。政府側はソ連と国際義勇軍の支援を受けたが、ドイツ・イタリアの援助を受けた軍部・右翼勢力に敗れ、フランコ将軍の独裁体制が成立した。

＊9　**ロバート・キャパ**　1913年ハンガリー生まれの報道写真家。スペイン内乱・第2次大戦などの戦争写真で知られる。54年、インドシナ戦争で爆死。

＊10　**誰が為に鐘は鳴る**　スペイン内乱を題材とした、1943年制作のアメリカ映画。ゲイリー・クーパー、イングリッド・バーグマン主演。原作はヘミングウェイの同名小説。

＊11　**YMO「再生」**　1993年2月に発表され、4月1日にはメンバー3人が揃い、記者会見を行った。5月にアルバム『テクノドン』を発表、6月には東京ドームで再生公演が行われた。

24　世紀の終わり
——世界へ・4

ポップ路線

『ハートビート』の次には『スウィート・リヴェンジ』[＊1]というソロ・アルバムを作りました。このころは、レコード会社を替わったこともあって、「ポップなもの」「売れるもの」を作らなくちゃ、という意識があったんです。その次の『スムーチー』[＊2]もそうです。自分としては、最高にポップなものを作ったつもりだったんですが、世間には全然ポップだと思われなかったようだし、レコード会社にも、全然うけなかった。それでもう頭にきて、誇りも何も脱ぎ捨てて、「俺がこんなにポップにしようと努力してるのに、なんでお前らポップだと受け取ってくれないんだ」と匙《さじ》を投げちゃったんです。売り上げは以前とほとんど変わらないし、もうあれこれ考えたって無駄だ、と思った。

そして次にできたのが『ディスコード』〔＊3〕です。一種の反動ですね。ちゃぶ台をひっくり返すみたいな感じで「もうクラシックをやってやる」と、いきなりオーケストラ作品を作ったんです。これもファンにとってはいい迷惑だったかもしれないと思うんですが。

実際のところ、ぼくのリスナーというのはいわば固定客で、あんまり変動しないんですよね。だから、自分がかなりポップにやったつもりでも、クラシカルなものをやっても、そんなに売り上げは変わらないんです。なんだか可笑《おか》しいですね。ところが意外にもすごく受けたのが、「エナジー・フロー」〔＊4〕でした。さらさらっと5分ぐらいで作ったピアノ曲で、ポップがどうとかいうことは何も考えず、ただ書いた曲ですが、これは160万枚売れた。それで、ちゃぶ台をひっくり返したのが正しいことだったというのがわかったんです。つまり、多少「ポップに」なんて考えても意味がない。何も考えないで作ったものが一番売れちゃうんですから。「エナジー・フロー」がどうして売れたのかは、いまだにわかりません。

付け加えておくと、ポップにと思って作ったのは『スウィート・リヴェンジ』と『スムーチー』だけではなくて、『ビューティ』も『ハートビート』も、レコード会社に散々言われて、自分では努力したつもりなんですよ、ポップになるように。でも、いま自分で聴いてみても、ポップスとは思えないですね。レコード会社の社長に聴かせたときも、全然ポップスじゃないと言下に否定されたんですが、まあおそらく、ぼくがポップにと思って作るポップスっていうのは、全然ポップじゃないということですね。

『ディスコード』と同じ1997年には、娘の美雨をフィーチャーした「The Other Side of Love」［＊5］も出しました。ドラマの主題歌なんですが、この曲の場合は、ポップなものがなんとなくできてしまった。降って湧《わ》いたように、というか。実は「戦メリ」［＊6］もそうなんです。ほとんど、気がついたら目の前にあるという感じ。その曲が好きなのかどうかさえ、自分ではよくわかりません。

ずっと考えていることとなんですが、自分ができてしまうことと、ほんとにやりたいことというのが、どうも一致しない場合が多いんです。できてしまうから作っているのか、本当に作りたいから作っているのか、その境い目が、自分でもよくわからないんですね。

内戦と飢餓

『ディスコード』が生まれた背景として、ポップス路線に対する反動というのは確かにあったんですが、創作の原動力はほかにもありました。

この曲を書いた日のことは今でも覚えています。引き金になったのは、ルワンダ紛争です。ある日、難民についてのニュースがテレビで報じられているのを見て、ショックを受けた。そしてその日の夜、夢のなかで「このことについてオーケストラの曲を書こう」と思い、ガバっと起きて地下の仕事場に降りていき、急に書き出した。

アフリカの内戦や飢餓の問題というのは、それ以前からずっとあったことで、子どものころから知っていたはずだし、なぜそのとき急にそれを音楽にしようと思い立ったのかは自分でもよくわかりませんが、何か黙っていられない気持ちになってしまった。自分にとって、大きな転機だったと思います。

『ディスコード』というタイトルは、もちろん単に音楽的なディスコード（不協和音）だけではなくて、社会的なディスコード（衝突、軋轢《あつれき》、齟齬《そご》）のことでもあります。内戦や飢餓のイメージと、何かポップスではない音楽のイメージが、そこで一体になった。

そのとき報道されていたのは内戦と飢餓についてのニュースでしたが、これは環境問題につながっているんだなとぼくは思いました。環境問題という言葉自体はなんとなく目にしたり耳にしたりしていましたが、ぼく自身、そういう問題を自覚的に考え

『LIFE』制作のころ　南青山のプライベートスタジオにて

るようになったのは、このころからです。それは、社会的責任というよりも、生理的な危機感のようなものです。

『ディスコード』はオーケストラ作品ですが、その前には『1996』[*7]という、クラシックのピアノトリオというスタイルのアルバムを作りました。ピアノ、ヴァイオリン、チェロという編成です。92年ぐらいから時々、この形でコンサートもやっていて、このアルバムはその集大成的なものなんです。今考えると、『1996』がクラシックへ向かう下地としてあって、『ディスコード』というオーケストラ曲があって、ポップス路線はどうもうまくいかなくて、という流れがあったんですね。そしてそれが、『BTTB』（バック・トゥ・ザ・ベーシック）[*8]という、自分の原点であるピアノ音楽を中心にしたアルバムにつながっていく。実は90年代の初頭にはすでに、クラシカルなものへ向かう源流のようなものがあったんだと思います。

時代の節目

『BTTB』を作ってまもなく、『LIFE』[*9]というオペラを作りました。20世紀を総括する、という壮大なコンセプトを、かなり大上段に振りかざした作品です。

20世紀は、戦争と革命で何千万、何億という人間が死んだひどい世紀だったけども、

21世紀はそのゴミを掃除して、環境問題も解決し、人類が少し賢くなれるのではないか、そうなればいいなあという願いと少しの諦《あきら》めを、ぼくはこの作品に込めました。20世紀末という、時代の区切りに生まれた『ＢＴＴＢ』と『ＬＩＦＥ』、この2つの作品は、ぼく自身にとっても大きな節目になるものでした。

＊1　スウィート・リヴェンジ　１９９４年6月17日にリリースされた、坂本龍一10枚目のオリジナル・アルバム。表題作「スウィート・リヴェンジ」は、もともと映画『リトル・ブッダ』のために作られた曲で、タイトルには書き直しを命じたベルナルド・ベルトルッチ監督への「甘美なる復讐」の意味が込められている。

＊2　スムーチー　１９９５年10月20日にリリースされた、坂本龍一11枚目のオリジナル・アルバム。

＊3　ディスコード　１９９７年7月2日にリリースされた、坂本龍一12枚目のオリジナル・アルバム。

＊4　エナジー・フロー　１９９９年5月26日にリリースされたマキシシングル『ウラＢＴＴＢ』に収録された曲。「三共リゲインＥＢ錠」のＣＭ曲として使われた。『ウラＢＴＴＢ』はインストゥルメンタルのシングルとしては初めて、週間オリコンチャートで1位となった。

＊5　The Other Side of Love　１９９７年1月29日リリースのシングル。テレビドラマ「ストーカー　逃げきれぬ愛」の主題歌。

＊6　戦メリ　映画『戦場のメリークリスマス』のテーマ音楽「メリー・クリスマス・ミスター・ローレンス」のこと。

＊7　１９９６　１９９６年5月17日にリリースされたコンピレーション・アルバム。過去の坂本龍一作品をピアノトリオ編成に編曲したもの（「１９１９」のみ新曲）。収録曲の大部分は、ポーランド系ブラジル人

のジャック・モレレンバウム（チェロ）、ジャマイカ系英国人のエバートン・ネルソン（ヴァイオリン）、および坂本龍一（ピアノ）による演奏。日本ゴールドディスク大賞インストゥルメンタル部門受賞。

＊8 BTTB 1998年11月30日にリリースされた、坂本龍一の13枚目のオリジナル・アルバム。

＊9 LIFE 坂本龍一初のオペラ作品。構想、作曲、指揮を坂本が担当し、1999年9月に大阪城ホールと日本武道館で上演された。この作品は2007年に高谷史郎と共作のインスタレーション作品「LIFE-fluid, invisible, inaudible ...」として山口・東京で公開、2008年にDVD化された。

5

2001-

25　世界が変わった日
――現在と未来・1

心洗われる時間

21世紀の最初の年、2001年は、とても充実した形で始まりました。1月にはリオのジョビンの家で『CASA』を録音し、春には大勢のミュージシャンと一緒に「ゼロ・ランドマイン」[*1]という地雷廃絶運動のイベントをやりました。8月には、ジョビンと交流の深かった人たちと一緒に、日本で『CASA』のツアー[*2]をやった。

何かとても美しい、心が洗われるような、と言ってもいいような時間を過ごしていたんです。とても楽しくて、いい体験をしたなと思ってニューヨークに帰ってきたら、あの事件が起こった。その落差は、あまりにも激しかった。

直前までは晴れやかな気持ちで、はっきりとはわからないけれど、なんとなくこのまま、地球とか世界が、もしかしたら良くなっていくのかもしれない、という感覚さえあった。『LIFE』に託したような願いが、叶《かな》えられるかもしれない気配を感じた。20世紀の残した負の遺産をみんなで取り除いて、少しは良い時代を迎えられるのかも知れないと。

9月11日の朝9時前［*3］、ぼくはニューヨークの自宅にいて、そろそろ朝ごはんにしようと思っていたところでした。

世界が変わった日

そこへ、いつもうちに来てくれていたお手伝いさんが、泣きながら駆け込んで来たんです。どうしたのかと訊《き》いてみると、ワールド・トレード・センターが燃えている、友達がそこで働いていて、さっきから何度も電話しているんだけどつながらない、と言ってうろたえているんです。びっくりしてすぐにテレビをつけると、ビルが燃えている様子が映っている。事故かな、何だろう、と話していたら、2機目の飛行機［*4］が突っ込んで来た。もうそのころには、世界中のみんなが同じ映像を見ていたと思います。

これはもう全く事故ではないと知って、ぼくは慌《あわ》ててカメラを掴《つか》んで、七番街に出

ジョビンの自宅で　モレレンバウム夫妻と

て行って写真を撮りました。ふだんは、特に熱心に写真を撮っているわけではないんです。上手《うま》くもないし。でもそのときは気がついたら写真を撮っていた。それは、たまたまそこに居合わせた人間の義務として、写真を撮っておかなければいけない、と思った。

とにかく経験したことのないことが起こっている、という恐怖感がありました。やがて徐々に情報が整理されて、タリバンやアルカイダのことが報じられ、アフガン攻撃が始まり、さらにはイラク戦争が起こって、という段になれば、本当の真相はわからないにしても、理解できないことに耐えられないから、自分として思い描ける限りの可能な筋書きや解釈を、いろんな人が試みることになります。たとえば「テロとの戦い」というのもその1ヴァージョンです。でもテロが起きたときにはそうではなかった。それまで知らなかった、味わったことのなかった恐怖を感じました。新しいもの、本物の恐怖との遭遇でした。

だからぼくは、シュトックハウゼンが9・11の直後に「あれはアートの最大の作品だ」と言ったこと［＊5］の意味はわかるんです。彼はあの発言で世界中から非難されましたが、でもあのテロはたしかに、すべての人を謎《なぞ》に引き込む、解釈を超えたイベントでありパフォーマンスではあった。解釈不能な状態に人を一瞬陥《おとしい》れて、何か恐怖とか畏《おそ》れのようなものを与える、それは芸術が目指してきたものです。アンディ・ウォーホルにしても、ヨーゼフ・ボイスにしても、ジョン・ケージにしても。そういう意味では、あの事件の圧倒的な衝撃を目の前にして、アートは形無しだった、と言っていい。

恐怖との戦い

とにかく怖くて、ぼくは一刻も早くニューヨークから逃げ出したいと思った。でも実際のところ、事件のあと1週間、トンネルも橋も封鎖されていて逃げ出せなかった。マンハッタンは島ですから。

封鎖が解かれたあとも、どこに逃げたらいいのか必死で考えていました。アラスカには基地があるし、ハワイにもたくさんあるし、日本は基地だらけだし。どこも安全とはいえない。

またすぐに次のテロ攻撃があるに違いない、とぼくは思っていました。スーツケース型核爆弾というのが世界で50個ぐらい紛失しているという話を聞いていたので、次の攻撃は核だなと思って毎日ビクビクしていた。

そもそも核で攻撃されたりしたら、逃げてももう遅いんですが、とにかく少しでも

撮影：坂本龍一

安心できるように、道なき道を突っ走って逃げられるようにと思って、レンジローバーをとつぜん買いました。戦車を買うわけにはいかないので、レンジローバー。気休めですね。1カ月分ぐらいの水や食糧を車に積んでおいて、家にも備蓄した。

それから、ガスマスクも買いました。売り切れのところが多くてなかなか見つからなかったんですが、なんとかインターネットで見つけて、10個ほど買い、知り合いの家族に配ったり、別れた奥さんにあげたりもしました。とにかく、できる限りの準備はしようと思いました。

無音の日々

人は非常時には、普段なら切り捨てていたようなレベルの情報もすべて拾うようになります。全方位に過敏になるんです。そうすると、音楽というものはできなくなってしまう。感覚の許容量を超えてしまうんですね。音楽が消えただけでなく、あの騒々しいニューヨークで、音がしなかった。誰もクラクションを鳴らさないし、ジェット機も飛んでいない。ものすごく静かでした。針が落ちただけで人が振り向くぐらいのぴりぴりした感じが、ニューヨーク全体を覆《おお》っていた。そんなときにもし誰かがギターなんか弾いたりしたら、殴られかねません。ああ、こういうふうになるんだなと思いました。

やがて歌が聴こえて来たのは、諦《あきら》めからです。テロから3日経《た》って、もう生存者はいないということをみんなが理解したとき、ヴィジルという催しがありました。ろうそくを持って街のあちこちに立って、黙禱《もくとう》をする。音楽が現れたのはそれからでした。喪に服するために、葬送という儀式のために、初めて音楽が必要になる。芸術の根源を見たようでもありました。

非戦

テロのあとは、恐怖の中で必死に情報を集める毎日でした。人間、どうしても知りたくなるんです。情報を集め、状況を解釈してその意味を考えないと、次に何が起こりどう行動すればいいのかわからない。どうやって生きていったらいいのかわからない。

恐怖が本当に極限にまで達すると思考停止になってしまうのかも知れませんが、その一歩手前の段階では、人は必死で思考するんですね。たとえば雷が隣家に落ちたら、次はどこに雷が落ちるかということを必死に考える。きっと、そこから科学になったり、芸術ができたりするんだろうと思います。

宙に放り出されたような気分の中、いま何が起こっているのか、これからどうなっていく可能性があるのか、ぼくは手探りで、主にインターネットを通じて、様々な情報を集めました。何か指針になるような、あるいは真実と思えるような声を拾っていった。そして、集めた情報をEメールで友人たちと共有するようになった。

その輪はだんだん広がっていき、情報や意見を発信する人たちとのつながりもできて、それがそのまま本の形になったのが『非戦』［＊6］という論集です。01年のうちにまとめ、その年の12月に出版しました。

世界中のいろいろなところで、いろいろな人たちが、同じような輪を作って行動していたんだと思います。その輪がつながって大きくなったのが、たとえばイラク戦争の開戦直前に世界中で行われた数千万人規模の非戦デモですね。

あれだけ多くの人々が世界各地で、同じ思いをもってストリートに出たのに、アメリカは結局イラクに侵攻してしまった。あのときのアメリカに対する深い失望が、現在の世界の状況につながっていると思います。

音楽の力

音楽の仕事もやがて再開しないわけにはいきません。事件のあと最初に手がけたのは、『アレクセイと泉』［*7］というドキュメンタリー映画の仕事でした。

映画の舞台は、チェルノブイリの事故によって放射能汚染された、ベラルーシの小さな村です。汚染の程度はかなり深刻なんですが、老人たちは村から去ろうとしない。村人たちが共同で使っている井戸の汚染の度合いを調べてみると、まったく汚染されていないことがわかったんです。そして、その井戸は神聖な泉として崇拝されることになる。泉の存在はささやかなものですが、村人たちにとっては切実で現実的な救いなんです。

余談ですが、ジェームズ・ラヴロックというイギリスの科学者がいて、ガイア理論を提唱した人ですが、彼は「チェルノブイリは地球で最も安全な場所だ」と皮肉を言ったことがあります。つまり、今後数百年にわたって人間が立ち入らないからだと。

それはともかく、核による第2のテロがあるんじゃないかと脅《おび》えていたので、映画の中で描かれる核の恐怖というのがぼく自身にとってとても現実的で、すごく感情移入して作りました。今聴いてみても、恐怖に脅える自分の様子が目に浮かぶようです。

まもなく、ブライアン・デ・パルマ監督による『ファム・ファタール』［*8］というサスペンス映画と、ジャック・デリダ［*9］のドキュメンタリー映画『デリダ』［*10］の仕事もしました。相変わらず恐怖に脅えながら、でも締切のある仕事なので、やらなければいけない。そうやって音楽を書いているうちに、ほんの少し恐怖が和らいでいくのを感じました。

ただ単に、仕事に没頭してほかのことがあまり頭に入らなくなったということもあるのかもしれない。でもたぶんそれだけではなくて、やっぱりそこには、何かぼく自身に働きかける、音楽の力というものがあったのではないかと思います。

アメリカとは?

事件からしばらくして、9・11テロをとりまく状況を生み出したのはアメリカという覇権国家だ、という思いがだんだん強くなった。その一方で、音楽的にも文化的にも、ぼくが得てきたものはほとんどアメリカ経由なんです。ロックはもちろん、東洋思想だって、禅だってそうです。

かろうじて、クラシック音楽というのはヨーロッパのものですが、ヨーロッパの覇権、植民地主義があってこそああいう形になった。そんなものをありがたがってきた自分を、ぼくは全否定したい気持ちになりました。ドビュッシーもマラルメもビートルズもヒッピーも、全部、幻想だった。そういう思いは今でもぼくの中にあります。でも、自分がもっている言語はそれしかない。

ドビュッシーの、あの人類史上最も洗練されていると言っていい音楽にも、フランスの帝国主義、植民地主義の犯罪性が宿っている。それは意識しておくべきことだとぼくは思います。

『エレファンティズム』

02年の4月には、『エレファンティズム』というDVDブックを出しました。アフリカへ行って、ヒトが初めて二足歩行した地を訪ねたり、アフリカゾウの生態を観察したりしたときの様子を収めたものです。

アフリカへは9・11の前に家族と何度か行って、素晴らしいなと思っていました。そしてあの事件が起きたあとの自分の目で、もう一度アフリカを見てみたいと思った。一番印象的だったのはサバンナです。都市には雑踏と喧騒《けんそう》があるわけですが、サバンナはとても静かです。びっくりしました。何キロメートルも先でカバが水浴びして鳴き声を立てているのが聞こえる。

500万年もの間、その傍らでヒトが一緒に生きていたんだ、と思ったら不思議な気持ちになりました。ヒトは、速く走れるわけでもなく、強力な牙《きば》も爪《つめ》もなくて、とても弱い動物なんです。それなのに、生き延びられたのは、言語と道具、武器を持つようになったからなんだな、というようなことを考えたりしていた。

アフリカの叡智《えいち》を象徴しているように思われたのが象でした。穏やかに共生する象のような生き方が、ぼくたちに求められているのではないか。このＤＶＤブックにはそういうメッセージが込められています。

＊1　ゼロ・ランドマイン　ＴＢＳ開局50周年の地雷根絶キャンペーンの一環として行われたプロジェクト。坂本龍一が作曲を担当、アート・リンゼイ、クラフトワーク、シンディ・ローパー、ブライアン・イーノ、ＵＡ、大貫妙子、桜井和寿、佐野元春、細野晴臣、高橋幸宏ほか、多数のミュージシャンが参加。英語版の歌詞はデヴィッド・シルヴィアン、日本語版は村上龍が担当した。２００１年4月25日にN.M.L.（NO MORE LANDMINE）名義でリリースしたシングルは、週間オリコンチャートで首位を記録した。

＊2　『ＣＡＳＡ』のツアー　アントニオ・カルロス・ジョビンと長年にわたって音楽活動を共にしてきたモレンバウム夫妻とともに結成したユニット「Morelenbaum^2/Sakamoto」によるツアー。このユニットによるアルバム『ＣＡＳＡ』を２００１年7月に発売し、8月には日本ツアーも行った。これらの活動により、日本・ブラジル友好へ貢献したとして、坂本は02年にブラジル政府より国家勲章を受けた。

＊3　9月11日の朝9時前　アメリカン航空11便は午前8時ごろにボストン・ローガン空港を飛び立った後、8時14分ごろにハイジャックされ、8時46分にニューヨークの世界貿易センタービル北棟に突入、爆発炎上した。

＊4　2機目の飛行機　ユナイテッド航空１７５便は、ボストン・ローガン空港を午前8時14分に出発、8時47分ごろまでにハイジャックされ、9時3分に世界貿易センタービル南棟に突入、爆発炎上した。

＊5　シュトックハウゼンの発言　テロ直後の２００１年9月、彼は自作の連作オペラ『リヒト（光）』に関

連して、米同時多発テロは「(光の王子で反逆者のルシファーによる) 最大の芸術作品」と発言したとして世界中から非難された。だがこの騒動は取材した記者による意図的な発言の誘導、編集により引き起こされたものだったと言われる。

＊6　非戦　米同時多発テロ事件をきっかけとした論考集。村上龍、中村哲、加藤尚武、辺見庸、重信メイ、梁石日、桜井和寿、大貫妙子、佐野元春、宮内勝典ほかが参加。2001年12月刊。

＊7　アレクセイと泉　2002年公開の日本映画。監督は写真家・本橋成一。1986年のチェルノブイリ原発事故の被害を受けた、ベラルーシの村ブジシチェを舞台としたドキュメンタリー作品。

＊8　ファム・ファタール　2002年公開のアメリカ映画。監督はブライアン・デ・パルマ、出演はレベッカ・ローミン＝ステイモス、アントニオ・バンデラスほか。

＊9　ジャック・デリダ　1930年、アルジェリア(当時は仏植民地)生まれ。ポスト構造主義を代表する現代フランスの哲学者。「脱構築」をキーワードとした哲学理論により、世界的な影響を与えている。著書に『エクリチュールと差異』(67) など。2004年没。

＊10　デリダ　哲学者ジャック・デリダをめぐるドキュメンタリー映画。2002年公開。監督はカービー・ディック、エイミー・Z・コフマン。

26　新しい時代の仕事
——現在と未来・2

父の死とパリ公演

アメリカ同時多発テロから1年後の2002年の9月、ぼくはヨーロッパにいました。前年に初めて行ったモレレンバウム夫妻とのボサノヴァ・ツアー［*1］は好評で、この年にも開催されていました。

ベルギーからフランスに移動するバスの中で、朝の4時ごろ、ニューヨークから電話を受けました。父［*2］が亡《な》くなったという知らせでした。

父の死が間近に迫っているということは知っていて、誰か代理を立てて日本に帰るべきなのかどうか、相当悩みました。実際に代理の手配をしたり、いろいろな準備を始めてはみたんですが、よくよく考えて、やっぱり帰らないことにした。ぼくが帰国したとして、その後父の容態が良くなるか悪くなるかはわかりませんから、ぼくがちょうどよく最期《さいご》に立ち会えるとは限らない。たとえしばらくそばにいても、仕事に戻ったとたんに亡くなってしまうということだってあり得るわけですし。とても難しい判断でしたが、結局はツアーを続行して、移動中に知らせを聞きました。

その日のパリでの公演も予定どおりやりました。たまたまパリにいたスーザン・ソンタグ［*3］が、ひとりで聴きに来てくれたことも、とても強く心に残っています。彼女とはテロのあとに知り合って、連絡を取ったりするようになりました。その後、04年の末には彼女も亡くなってしまいました。

公演はパリのあとも各地で続いたので、結局、日本に帰ったのは、1カ月後ぐらいでした。いろいろなことを母親に全部任せることになってしまって、申し訳なかったと思っています。

父が亡くなって自分が変わったとか、そういうことはとくに感じてはいません。でも、それまで自分の後ろにあった大きなものがなくなったような、そんな感じはあるように思います。

ぼくが父に似ているような気がするところは、いろいろあります。あまのじゃくだったり、あまり表に出たがらなかったり。それから、2人とも人やものごとに惚《ほ》れ込みやすく、すぐ夢中になるんです。

子が親から受ける影響というのは、文化的なものと遺伝的なものと両方あると思うのですが、後者の方が、つまり父親の背中を見てどうとかではなく、もともと生まれ持っている性質が受け継がれるという形での影響の方が強いんじゃないかという気が、最近はしています。なんとも言えない仕草とか表情、好みとか考え方とか、そういうものが、けっこうそっくりになっちゃうもんだなあと。なんかいやだなあとも思うんですが、でもやっぱり似ているんです。

『キャズム』

04年には、21世紀に入って最初のアルバム『キャズム』［*4］をリリースしました。キャズムというのは、裂け目、溝、というような意味ですね。ぼくのアルバムのタイトルとしては、かなり直接的で理念的なタイトルだと思います。

世界の裂け目を痛感していた時期でした。とくに当時のアメリカという国家と、それ以外の世界の裂け目といっていいかも知れません。過去のアメリカとブッシュ政権下のアメリカ。一国主義的なアメリカと、より多元的な世界。帝国主義的アメリカと、それに異議を唱えてストリートに出た世界市民。それから、キリスト教圏とイスラム教圏の対立、というようなことがさかんに言われた時期でもありました。「文明の衝突」［*5］という論にぼくは与《くみ》しませんが。

そのような裂け目は、同時多発テロが起こった01年にはもう見えてきていたわけですが、03年に、9・11テロとは関係のないはずのイラクにアメリカが攻撃を始めたときに、どうしようもなく露見した。イラク攻撃は当時どう考えてもおかしいことだったし、今でもおかしいわけですが、誰もそれをきちんと言わない。普通の人たちは世界中の街頭に出て行って言ったけれど、思想や言論やジャーナリズムに携わるような人たちが何も言わない。それに納得がいかなくて、毎日歯ぎしりして、もうふざけるなと思いながら作ったのが『キャズム』ですね。怒りに突き動かされつつ、やむにやまれぬ気持ちで作ったアルバムです。

このころにはカールステン・ニコライ［*6］やクリスチャン・フェネス［*7］など、ぼくよりひとまわり以上若い人たちとのコラボレーションも始めていて、とても良い刺激を受けました。彼らの音楽は、シュトックハウゼンやクセナキスなど、ぼくが聴いて育ってきたような現代音楽をひとつの源流としている。そしてそれが、一部の現代音楽マニア向けの音楽ではなく、CDという形で流通する一種のポップというジャンルにおさまっている。彼らとぼくとが、精神的な父のようなものを共有しているということもうれしかったし、前衛的なものをある程度封印しないとポップなものは作れない、というような考えに風穴を開けられたような気がしたこともうれしかった。音楽の可能性が少し広がるように感じました。

「社会的活動」のこと

１９９９年に作った『ＬＩＦＥ』というオペラには、環境問題や社会問題についてのメッセージがいろいろ含まれていて、ダライ・ラマ法王にも出演していただいたので、宗教的な色合いもあった。そのころからでしょうか、急にいろいろなところから依頼が来るようになった。核や平和について考える団体、いじめや虐待《ぎゃくたい》についてのＮＰＯ、先住民族の権利のために闘う人々、等々、もうあらゆるところから。

一時期は、ダライ・ラマ法王の影響か、いわゆるニューエイジ系の宗教団体からのアプローチもすごかったですね。坂本もついにこちら側に来てくれたか、という感じ。そんなことないんですが。とにかくいろんな依頼が集まってきて、断り続けているうちにだいぶ静かになった。

その後、９・11の年に『非戦』を出したこともあって、またあちこちからいろいろな依頼が殺到するようになる。ものすごい数です。アメリカでは、俳優やスポーツ選手など、人前に出る仕事の人間が社会問題について意見を述べたりすることはよくあ

ります し、日本でも少し前までは、保守・革新問わず、社会に対してはっきりものを言う、骨のある大人というのがいたと思うけれど、今はそうではない。だから、ぼくみたいな人間のところにそういう話が集まってきてしまうのかもしれません。

でも、ぼくは自分から声を上げて社会的な活動に関わるというようなことは、ほとんどしていないんです。そういうことはかなり慎重に避けてきたつもりです。それでも、本当に直接自分の身に降りかかるものとして、当事者として、どうしても参加せざるを得ないということもあります。

レコード輸入権［＊8］やPSE法［＊9］の問題は音楽に携わる人間にとってはとても切実な問題だったし、六ヶ所村のことについては、問題があまりに大きく深刻で、知らないふりをして通り過ぎることはできなかった。ストップ・ロッカショ［＊10］のプロジェクトは、珍しくぼく自身が始めたものです。

六ヶ所村の再処理工場問題は今でも進行中ですが、無駄だったとは思っていません。むしろ、期待以上のリアクションがあった。今まで全く関心も興味もなかった人たちがこの問題に気づいてくれたので、あとは、その気がついた人がまたそれぞれやるべきことをやればいい。ぼくの役割というのはそのぐらいのことだと思っています。

モア・トゥリーズ

他にも2007年に発足した「モア・トゥリーズ」というプロジェクトが、着実な広がりを見せています。簡単に言うと、森を増やそう、という運動です。温暖化を少しでも食い止め、保水力や生物の多様性を確保する森。運動を通じて森が再生することの喜びも実感してもらうために、いろいろな工夫をしている。なかなか面白いプロジェクトです。

07年の11月には高知県の梼原《ゆすはら》町に最初の森が、08年の8月には同じく高知県の中土佐町に2番目の森ができて、まもなく（2009年）フィリピンに4番目の森が誕生する予定なんです。発足してからこんなに短期間に森が増えていくとは予想していませんでした。4番目の森は面積も大きくて、オフセットできる二酸化炭素の量もぐんと大きくなります。日本もようやく排出権取引に乗り出そうとしていますし、このような動きは活発になっていくでしょう。

行きがかり上？

そういう活動をしてはいますけれども、世界の状況を注視して、積極的に関与して、というようなつもりはないんです。ぼくは本当はすごく怠け者だし。自分としては、

グリーンランド近海にて

やむを得ずやっているんです。六ヶ所村のことを知ってしまったのも、いわば事故に遭ったようなものだし、そこから派生してきた「モア・トゥリーズ」も、しょうがないなあ、始めちゃったなあ、と思っているうちに、どんどん拡《ひろ》がってきちゃった。

08年の秋に、グリーンランドに行ったんです。科学者やアーティストが気候変動の実態を見て世の中に伝える「ケープ・フェアウェル」というプロジェクトに参加して。行く前日までは、面倒だなあ、と思っていたんです。でも嫌々行ってみたら、ものすごい宝物に出くわしちゃったという感じなんですね。呆然《ぼうぜん》として、ニューヨークに戻ってからもなかなか日常に復帰できないぐらい。

だいたい、YMOだって誘われたから始めたんですよ。どうしてこんなの引き受けちゃったんだろう、でもまあ細野さんから声がかかったのはうれしいし、みたいな感じで。考えてみると、自ら進んで始めたことなんて、たぶんあんまりないんですよ。

うしろ向きの人生ですよ。

自分としては、あまり手を広げずに、むしろなるべく狭めて、音楽だけやっていられれば幸せなんですけどね。いろいろなことに関わって、いろんな体験をする羽目になっているんです、行きがかり上。

コモンズ

06年には、「コモンズ」という新しいレーベルを設立しました。レーベルというよりは、プロジェクトと呼ぶべきものかもしれません。

今、世界的に、音楽の値段は限りなくゼロに近づいています。CDという形で音楽を買う人はほとんどいなくなりつつありますが、ではインターネットからのダウンロード販売がそれを補っているかというと、そうとも言えない。結局、音楽は消費されるけれどお金は支払われない、という状況が加速しています。従来の音楽産業の構造が、ものすごい勢いで変わりつつある。

ぼく自身、今後CDを売って音楽家として食べていくということはできないでしょう。常にヒットチャートの上位にいるようなアーティストでないと、コストが回収できない。もう無理だなあ、と感じる毎日です。

でもまあ、ネガティブなことばかり言っていないで、新しいレーベルをこの時期に敢《あ》えて始めてみることにした。レーベルの名前は共有地という意味の「commons」の真ん中に音楽（music）の「m」を入れて「commmons」。音楽のための、みんなの共有地を作ろう、というわけです。

しばらくの間、音楽産業はCDという形を基本に動いてきましたが、それは普遍的な形というわけではない。いつの時代にも良い音楽は存在していて、それを必要としているリスナーに届ける方法というのは、いろいろあるはずだと思うんです。メディアで言えば、CDやダウンロードだけでなく、携帯電話もあれば、アナログ盤もあります。また、メジャーレーベルとインディーズレーベルでは、創作のあり方もビジネスのあり方も違って、それぞれに長所と短所とがある。

そういういろいろなものを組み合わせることで、良い音楽を生み出し、リスナーに十全に届けていきたいと思っています。簡単なことではありませんが、音楽のために必要な「共有地」を作ろうと、いろいろな試行錯誤をしているわけです。

＊1　ボサノヴァ・ツアー　281ページ参照。
＊2　父　坂本龍一の父・坂本一亀は1921年生まれの文芸編集者。47年に河出書房に入社し、伊藤整、

平野謙、埴谷雄高、野間宏、梅崎春生、島尾敏雄、中村真一郎、三島由紀夫、丸谷才一、辻邦生、高橋和巳、山崎正和、小田実らの作品を世に送り出した。２００２年９月28日没。

＊３　スーザン・ソンタグ　１９３３年ニューヨーク生まれの作家、批評家、映画制作者。ハーヴァード大学、オックスフォード大学、パリ大学などに学ぶ。63年に処女長篇『恩恵者』を発表。66年に評論『反解釈』で大きな注目を浴び、創作、批評の両分野で活躍する。９・11テロ後には、アメリカ世論の激しい攻撃にさらされながらも、ナショナリズム一辺倒のマスメディアやアメリカの覇権主義を厳しく批判し続けた。２００４年没。

＊４　キャズム（ＣＨＡＳＭ）　２００４年２月25日リリース。スケッチ・ショウ、コーネリアス、デヴィッド・シルヴィアン、アート・リンゼイらが参加。

＊５　文明の衝突　アメリカの政治学者、サミュエル・ハンチントンの用語。冷戦後の世界では東西の共産主義・自由主義のイデオロギー対立ではなく８つの文明の衝突になるという理論。１９９２年に行われた講演が93年に「文明の衝突？」というタイトル（日本語版は疑問符なし）で『フォーリン・アフェアーズ』誌に掲載され、増補の上96年に出版された。

＊６　カールステン・ニコライ　１９６５年ドイツ生まれ。音響と映像の双方を駆使、alva noto、aleph-1名義でも活動するアーティスト。99年に電子音楽レーベル「raster-noton」を設立。２００５年には坂本とヨーロッパツアーを行った。

＊７　クリスチャン・フェネス　１９６２年オーストリア生まれ。80年代末からロックバンド「マイシェ」でギターとヴォーカルを担当するがのちに脱退、90年代はウィーンのテクノシーンで活躍。ジム・オルークやデヴィッド・シルヴィアンともコラボレーションを行っている。

＊８　レコード輸入権の問題　海外で安価に生産・販売される邦楽ＣＤが逆輸入されることへの対策として、日本レコード協会が中心となり輸入禁止の権利を創設することを求めた。このような権利を盛り込んだ改正著作権法は２００４年に国会で成立し、翌年から施行されたが、これが洋楽を含む海外からのＣＤ輸入自体の禁止に適用できることから、音楽ファン、音楽関係者らが大規模な反対運動を行った。国会は「消費者へ

の利益還元に努めるように」と付帯決議をつけ、日本レコード協会は「一層の努力」をすることを表明しているが、この法律を問題視する音楽関係者は監視活動を続けている。

＊9　PSE法　電気用品安全法（PSE法）の施行により、2006年4月1日以降、PSEマークのついていない電気用品の販売が認められないことになった。これによって古い電子楽器等の取引が不可能になるとして、適用を前に松武秀樹が発起人となり適切な規制緩和を求める運動が行われた。経済産業省は適用直前の3月24日に、当面はPSE表示のない商品も容認するとの方針を明らかにし、07年には担当審議官が対応の不備を認めて公式に謝罪した。

＊10　ストップ・ロッカショ　日本原燃が運営する青森県六ヶ所村の核燃料再処理工場の放射能汚染について訴えるプロジェクト。深刻な汚染の実態を訴える本の出版やイベントの開催のほか、この問題をテーマにした芸術作品を制作し、それを再配布・加工することによって、問題の重要性についてより広く呼びかけるという試みを行って注目を集めた。

27　ありのままの音楽
——現在と未来・3

再々結成

細野さんと幸宏くんが、２００2年ごろから、スケッチ・ショウ［*1］というバンドを始めました。ぼくは「うらやましいなあ」と思いながら、指をくわえて見ていたんです、離れたところから。「ぼくだけ置いてけぼりだ」と思ったりして。やがて、ぼくがちょっとにじり寄ってみたら、向こうもそれを察して、「じゃあ、曲を書いてよ」［*2］と言ってくれた。ぼくは喜んで曲を書きました。３人そろっての活動が再開したのは、それがきっかけでした。

書いた曲は無事使ってもらえて、長年の確執みたいなものもだいぶなくなったように思えた。めでたしめでたし、という感じ。「じゃあＹＭＯを再結成しようか」ということになった。再結成と言っても、みんなで一緒にごはんを食べる、という意味な

28年ぶりの公演のため訪れたロンドンにて

YMO「再結成」

んです。「たまには3人で集まってごはん食べよう」というのがYMO再結成だったんです、ぼくらの間では。

その後、ごはんもまあ一緒に食べるんですが、だんだん音楽を一緒にやる機会も増えていきました。そこへちょうどキリンのCMの話［＊3］があって、そのあたりからの流れがいまも続いている。08年に入ると、28年ぶりにロンドンで公演［＊4］をして欲しいという依頼があったりもした。いくつもの偶然が重なって、結果として、YMOとしての活動はずいぶん盛り上がってきています。

3人でやるのは、やはり面白いですね。なんといっても2人がものすごく優れたミュージシャンなので、一緒にやっていて刺激を受けるし、楽しい。音楽的なバックグラウンドはそれぞれかなり違うんですが、過去の業績などにはあまり興味がないというところはよく似ている。過去に執着している人がいたっていいと思うんですが、3人ともそういうタイプじゃないんです。いつも、いま面白いこと、これから面白くなりそうなことについて考えている。貪欲《どんよく》なんでしょうね、年を取っても。

ロンドン公演

若いころはいろいろうまくいかなかったけれど、年を取ったからこそ、また2人と一緒に音楽ができるようになった、ということかも知れない。だとしたら、年を取ってよかったと思います。ポール・ニザン［*5］じゃないですが、若さなんて、全然いいものじゃないんですよ。声を大にして言いたい。

ＹＭＯの最近の活動に関しては、海外からの反響も思っていたより大きいんです。10年にはテクノの創始者とも言えるドイツのクラフトワークと、日本のＹＭＯと、あともういくつかと、第1世代のテクノが大集合したコンサートをやりたい、なんていう話も出ています。

にほんのうた

07年から「にほんのうた」［*6］という童謡・唱歌のシリーズのリリースも始まりました。これはぼくが10年ほど前から温めていた企画です。

もともとは、ぼくのいちばん下の子が歌を口ずさむ年ごろになってきて考えたことなんです。昔からの日本の歌を聴かせようと思ったんですが、なかなか良いＣＤがない。聴かせたい歌はあるんだけど、良いＣＤというのが見つからない。これはぼくが作らなくてはいけないなと思った。昔からある良い歌は、新しい解釈と良いアレンジによってこそ、息を吹き返すはずだと思ったんです。

実は、これだけ大量に子どものための歌が作られ続けている国というのは非常に珍しいんですよ。伝統的なわらべうた、ヨーロッパで言えば「マザーグース」みたいなものなら、世界中にあります。ところが日本の場合には、近代以降に作られた童謡・唱歌というのがとても多くて、いまもＮＨＫの「みんなのうた」などで新しいものが生まれ続けている。これは日本の特異な文化的伝統だと言っていい。そういう意味でも、一度、子どものための歌をこういう形でまとめてみたいと思っていました。

息子はもうとっくに大きくなってしまったので、うちにはもう必要ないんですが、まあ、よそのお子さんのために。そして、子どもだけではなくて、ぼくら自身が聴いても楽しめるものになっていますので、ぜひ大人の方にも聴いてほしいと思います。

音楽全集

08年の秋から、コモンズで音楽全集を出し始めました。「コモンズ・スコラ」というシリーズです。

最近では、音楽ビジネス全体の構造の変化もあって、ハイカルチャーとポップカルチャーの間、あるいはプロの音楽とアマチュアの音楽の間の垣根がほとんどなくなってきました。それは基本的には良いことなんですが、そういう状況だからこそ、これはぜひとも聴いておくべきだという優れた音楽を紹介したいという気持ちがありました。

それから、個人的な話ですが、何年か前に息子がベースを始めたいと言い出して、ついては親父《おやじ》に、マストで聴いておくべきベースの名曲を教えて欲しい、と。それで、家にあるCDをいろいろ引っぱり出して、30曲ぐらいのプレイリストを作ってあげたんです。そんな体験もこの企画のヒントになっています。

第1巻のバッハ編はぼくが選曲しました。バッハはクラシック音楽のはじまりみたいに考えられているところがあって、ぼく自身バッハ以前のヨーロッパ音楽にはあまり馴染《なじ》みがなかったんですが、今回のシリーズのためにまとめて聴き直すことで、むしろバッハ以前の、中世、ルネサンス、バロック前期あたりの音楽の奥深さに改めて夢中になっているところです。

第2巻のジャズ編は山下洋輔《ようすけ》さんによる選曲です。一般的というよりかなり極私的なセレクションだと思いますが、そもそもそういう趣旨なんです。山下さんの体験に即して選ぶジャズ、ということですね。刊行にあたって、ブックレットに収録するための鼎談《ていだん》を、大谷能生《よしお》さんを交えて3時間ほどしていただいたんですが、これがすごく面白かった。ジャズとは何かという、分かっているようで分かっていないことを、徹底的にお話しいただいた。どんな音楽ならジャズなのか、ジャズであるためにはどういう要素が必要なのかが、話しているうちにおぼろげに見えてきました。

全集といえば、学生のころに神田の古本屋に行って、全巻丸ごと買いというのをやった思い出があります。貧乏学生ですからめったにできることではありませんでしたが、夏目漱石《そうせき》や太宰《だざい》治の全集を一気に買ったときに感じたあの重みは、なんとも言えないものがあった。全集というもの自体に憧《あこが》れがあって、部屋に置いてあるだけで何か嬉《うれ》しかった。

そういう全集ならではの存在感とは別に、それぞれの選者のｉＰｏｄの中にあるプレイリストのようなものだと思って、気軽に楽しんでもらってもいいと思います。今後、ベース編は細野さん、ドラム編は幸宏くんに、古今東西の名曲を選んでもらう予定です（第5巻で実現した）。どんなものをどんなふうに選ぶのか、すごく気になりますよね。

生け花のような音楽

この春（２００９年）に、５年ぶりのソロ・アルバム『アウト・オブ・ノイズ』がリリースされます。もうほとんどできあがっていて、ここで終わりにしてもいいけれど、もうしばらく眺めている、というような状態です［＊7］。

生け花のように「あ、この枝、やっぱり要らないな」と切ってみたり、「やっぱりこの花じゃなくてこっちに」と取り替えたり、ためつすがめつ、腑《ふ》に落ちるまでいろいろ試している、そんな感じ。

音自体の雰囲気にも、生け花みたいなところがあるかも知れません。作り出したものというよりは、そこにあるものという感じ。自分の弾いたピアノの音、いろいろな人に弾いてもらった楽器の音［＊8］、北極圏で録音してきた自然の音、素材は様々ですが、それらを生け花のように配置して、観賞しているような感じなんです。どうしてそういうふうになったのか自分でもよくわかりませんが、これまでにないものになったかも知れない。

「コモンズ・スコラ」をやったことの影響もあると思います。大きな視点で音楽の歴史を見てみると、やはり近代に向かって、人間は音楽に関してもどんどん、コントロールしよう、論理的に操作しよう、という方向に向かってきたことがわかる。それがピークに達するのが１９５０年代でしょうか。ピエール・ブーレーズのころですね。それが同じころにジョン・ケージが出てきて、操作を加えない、偶然に任せてしまう音楽というのを提示するに至った。そういう流れがあります。

ケージがそのような音楽に向かったのは、実は日本の禅の影響からだったんです。ぼくは今回のアルバムの中に、茶道や華道に通じるような日本的なものがあるのを感じています。それは日本人である自分の中にもともとあった日本的要素なのかどうか分かりませんが、高校時代に出合って強く影響を受けた、ケージをはじめとするアメリカの前衛音楽を介して、禅的なものとひとまわりして繋《つな》がっているのかもしれません。

グリーンランドで考えたこと

環境問題について発言する機会が多いせいか、「エコな音楽というのはどんなものか」という質問をされることがよくあります。基本的には、そんな音楽はないと思っている。でもずっと答えを探してはいて、もしあるとしたら「人間は死んだ」[*9]ではないけれど、ある種人間的なものを否定するようなものではないかと思うんです。一神教的なもの、つまり始まりがあって終わりがあるもの、歴史には目的があるというような発想、そういう人間が考え出したものから、できるだけ遠ざかりたい。そんな気持ちがどんどん強くなってきている。それは今回のアルバムにも表れていると思います。

08年の秋にグリーンランドに行ったこと［*10］の影響も、とても大きいです。10日間ほどの旅でしたが、ちょうどアルバム制作の時期と重なり、本格的に創作意欲が湧《わ》いてきたころに出発するような形になってしまった。このタイミングで中断されるのは嫌だなあと、気が進みませんでした。直前に「やっぱり行きたくない」と言ってしまったほどです。でも結果としては、素晴らしい中断だった。予想もしなかったくらい特別な示唆《しさ》に富んだ、刺激的な中断でした。グリーンランドへ行く前と後では、たぶん音楽の感じもだいぶ変わった。作品の方向性が、より鮮明になったと思います。

いったい自分はどんな示唆を受けたのか、その体験の意味を一生懸命咀嚼《そしゃく》し要約しようとしているんですが、今でもまだうまく言葉になりません。自然というものの大きさに圧倒された、と言うほかないのかも知れない。圧倒的な量の水と氷の塊。それが作る風景、寒さ。その印象があまりに強力で、出て来ないんです、言葉が。

人間が自然を守る、という言い方があります。環境問題について語るとき、よくそういう言い方をする。でもそれは、ほとんど発想として間違いなんだと思います。人間が自然にかける負荷と、自然が許容できる限界とが折り合わなくなるとき、当然敗者になるのは人間です。困るのは人間で、自然は困らない。自然の大きさ、強さから見れば、人間というのは本当に取るに足らない、小さな存在だということを、氷と水の世界で過ごす間、絶えず感じさせられ続けた。そして、人間はもういなくてもいいのかも知れない、とも思った。

ニューヨークに戻ってきてからも、なんだか北極圏に魂を置いてきてしまったような感じで、なかなか文明社会の日常に復帰できずにいます。今でも向こうへ戻りたいような気持ちでいる。新しい大統領が選ばれ、一方で金融危機から恐慌《きょうこう》と呼べるような状態が広がりつつあるのに、そんな大変なできごとさえ、なんだか本当にちっぽけなものに感じられる。

今ぼくがいるのは、世界で最も人工的に作り上げられたと言ってもいいニューヨークのマンハッタン、まさに金融危機の震源地です。でも、そこでぼくが作っている音楽は、人間の世界や現在のできごとからは少し離れた、遠いところを向いたものになっているかも知れません。できるだけ手を加えず、操作したり組み立てたりせずに、ありのままの音をそっと並べて、じっくりと眺めてみる。そんなふうにして、ぼくの新しい音楽はできあがりつつあります。

＊1　スケッチ・ショウ　２００２年に高橋幸宏と細野晴臣が、ＹＭＯ以来初めて結成したバンド。同年８

月、イベント「WIRE02」でスペシャル・ライブを行い、9月にデビュー・アルバム『audio sponge』をリリース。03年にはバルセロナ、ロンドンでのイベントにも出演。04年には、HUMAN AUDIO SPONGE名義で坂本龍一と3人での活動も開始した。

＊2　曲　スケッチ・ショウのデビュー・アルバム『audio sponge』は2002年9月19日リリース。坂本龍一は「Wonderful To Me」「Supreme Secret」で参加（作曲、演奏）。

＊3　キリンのCMの話　2007年2月、「キリンラガービール」のCMに細野晴臣、高橋幸宏、坂本龍一が3人そろって出演。このCMのために新たにレコーディングされた「RYDEEN 79/07」は、iTunes Storeをはじめ多数の配信サイトでダウンロード数トップを記録。

＊4　ロンドン公演　2008年6月15日にロンドンのロイヤル・フェスティバルホールで全18曲を演奏したあと、19日にはスペイン・ヒホンでも公演を行った。ロンドンはYMOの第1回ワールド・ツアー「トランス・アトランティック・ツアー」の最初の公演地でもあった。171ページ参照。

＊5　ポール・ニザン　1905年フランス生まれの小説家・哲学者。高等中学校時代からサルトルと親交を結び、その後フランス共産党に入党。反ファシズム運動の中心人物となるがのちに脱党、第2次大戦中の40年に戦死した。代表作『アデン、アラビア』は、「僕は二十歳だった。それが人生でもっとも美しいときだなんて誰にも言わせない」という冒頭の一節がよく知られている（引用は小野正嗣訳）。

＊6　にほんのうた　2007年10月に第1集、08年7月に第2集をリリース（全4集）。参加アーティストはあがた森魚、大貫妙子、キセル、キリンジ、コーネリアス、鈴木慶一、高橋幸宏、中谷美紀、原田知世、ヤン富田ほか。

＊7　アウト・オブ・ノイズ　坂本龍一のソロ・アルバム『アウト・オブ・ノイズ』は2009年3月4日リリース。この章のためのインタヴュー収録は2008年12月8日に行われた。

＊8　弾いてもらった楽器の音　『アウト・オブ・ノイズ』には、コーネリアス、高田漣、クリスチャン・フェネス、イギリスの古楽アンサンブルグループFretworkらが参加している。

＊9　人間は死んだ　フランスの哲学者ミシェル・フーコーの言葉。フリードリヒ・ニーチェの言葉「神は

死んだ」を受けたもの。

＊10　グリーンランドへの旅　科学者やアーティストが北極圏を訪ねるプロジェクト「ケープ・フェアウェル」に参加し、氷に覆われたグリーンランド近海を航海した。

あとがき

ぼくは、自分の過去を振り返って、悦に入るような性分ではない。そのぼくがこの2年あまり、自分史を語ってきた。実はとても面映《おもはゆ》い。ぼくは、自分を語るに値する人間だとも思っていないが、一方で誰もが時折思うように、自分とは何で、どうして今ここにいるのか、知りたいという気持ちはいつもある。と言いつつも、雑誌『エンジン』からの依頼がなければ、このように時系列にそって包括的に自分の生い立ちを語るなんてことはしなかっただろう。もう一つ、語る相手が『エンジン』編集長の鈴木正文さんだったということは大きい。鈴木さんは本当におもしろい人だ。ぼくは彼の不可思議な魅力に惚《ほ》れているし、できることなら彼の謎《なぞ》をこちらが聞き出したいぐらいだ。

さて自分の人生――手垢《てあか》のついた言葉で、あまり使いたくないが、他に適切な言葉も見つからない――をこうやって振り返ってみると、つくづくぼくという人間は革命家でもないし、世界を変えたわけでもなく、音楽史を書き変えるような作品を残したわけでもない、要するにとるにたりない者だということが分かる。

そんなぼくが「音楽家でござい」と、大きな顔をしていられるのは、ひとえにぼくが与えられた環境のおかげだ。

ぼくはほんとうにラッキーかつ豊かな時間を過ごしてきたと思う。それを授けてくれたのは、まずは親であり、親の親でもあり、叔父や叔母でもあり、また出会ってきた師や友達であり、仕事を通して出会ったたくさんの人たち、そしてなんの因果か、ぼくの家族となってくれた者たちやパートナーだ。それらの人々が57年間、ぼくに与えてくれたエネルギーの総量は、ぼくの想像力をはるかに超えている。それを考えるときいつも、一人の人間が生きていくということは、なぜこんなにも大変なことなのかと、光さえ届かない漆黒の宇宙の広大さを覗《のぞ》き見ているような、不思議な気持ちにとらえられる。

同時に、自分はなぜこの時代の、この日本と呼ばれる土地に生まれたのか、そこになんらかの意味があるのか、ないのか、単なる偶然なのか。子どものころからそんな問いが頭をかけめぐることがあるが、もちろん明解な答えに出くわしたことはない。死ぬまでこんなことを問うのか、それとも死ぬ前にはそんな問いさえ消えていってしまうのか。

この本が上梓《じょうし》できるのも、何より『エンジン』編集長の鈴木正文氏、そしてこの連載を担当してくれた佐々木一彦氏と永野正雄氏、また出版部の斎藤暁子さん、装幀をしてくれた二宮大輔氏、いつも手早く写真を撮ってくれた山下亮一氏、スタイリングの櫻井賢之氏、ヘアー&メイキャップのふじたまゆみさんらのお力によるものです。心より感謝します。

最後に、こんな人間の個人史を読まされる読者に対して、申し訳ないという気持ちとともに、「ありがとう」と言いたい。

坂本龍一

2009年1月

年譜

1952年　坂本一亀・敬子の長男として、東京都中野区に生まれる。
1955年　「東京友の会世田谷幼児生活団」に入団。初めてピアノに触れ、作曲をする。
1958年　港区立神応小学校に入学。港区白金の祖父の家から通学。徳山寿子にピアノを習い始める。
1959年　世田谷区烏山へ転居、世田谷区立祖師谷小学校へ転校。
1962年　松本民之助に作曲を習い始める。
1963年　このころ、ビートルズに出合う。
1964年　世田谷区立千歳中学校に入学。バスケットボール部に入部するが半年ほどで退部、吹奏楽部へ。ベートーヴェンのピアノ協奏曲第3番に夢中になる。
1965年　ドビュッシーの弦楽四重奏曲に出合い、衝撃を受ける。
1967年　東京都立新宿高校に入学。池辺晋一郎に「芸大合格確実」のお墨付きをもらう。
1969年　東大安田講堂ほか、多数のデモに参加。新宿高校でストライキを主導。
1970年　東京芸術大学音楽学部作曲科に入学。日比谷野音でのライブにしばしば足を運ぶ。ゴールデン街で友部正人と出会う。武満徹に抗議するビラを撒き、武満本人と知り合う。民族音楽学の小泉文夫の授業に出席。自由劇場の公演に参加。
１９７３年　東京芸大の先輩と結婚。三善晃の作曲の授業に出席。
１９７４年　修士課程に進む。このころ、友部正人のツアーに同行。
１９７５年　大瀧詠一の自宅で『Niagara Triangle Vol.1』のレコーディングに参加し、細野晴臣に出会う。
１９７６年　このころ、スタジオ・ミュージシャン、アレンジャーとしての活動が本格化。
１９７７年　東京芸大大学院修士課程を修了。山下達郎と日比谷野音のライブに出演。会場で高橋幸宏に出会う。
１９７８年　２月、細野晴臣の自宅にてＹＭＯ結成。ソロ・デビュー・アルバム『千のナイフ』が10月に、ＹＭＯのデビュー・アルバム『イエロー・マジック・オーケストラ』が11月にリリースされる。
１９７９年　８月、ＹＭＯ、ロサンゼルスで初めての海外公演。チューブスの前座を務める。９月、ＹＭＯのセカンド・アルバム『ソリッド・ステイト・サヴァイヴァー』リリース。10月から11月にかけて、ＹＭＯの第１回ワールド・ツアー「トランス・アトランティック・ツアー」開催。サーカス「アメリカン・フィーリング」のアレンジで日本レコード大賞編曲賞を受賞。
１９８０年　２月、ＹＭＯのライブ・アルバム『パブリック・プレッシャー／公的抑圧』リリース。６月、ＹＭＯ『増殖』リリース。９月、ソロ・アルバム『Ｂ－２ユニット』リリース。10月から11月にかけて、第２回ワールド・ツアー「FROM TOKIO TO TOKYO」開催。

1981年　3月、YMO『BGM』リリース。4月より、NHK-FM「サウンドストリート」に出演開始。10月、ソロ・アルバム『左うでの夢』リリース。11月、YMO『テクノデリック』リリース。11月から12月にかけて、YMOの国内ツアー「ウィンター・ライヴ1981」開催。

1982年　YMOとしての活動は休止。2月、矢野顕子と結婚。同月、忌野清志郎との共作「い・け・な・いルージュマジック」リリース。10月、大森荘蔵との共著『音を視る、時を聴く[哲学講義]』刊行。この年の夏、映画『戦場のメリークリスマス』の撮影のため、南太平洋・ラロトンガ島へ。

1983年　3月、YMOのシングル「君に、胸キュン。」リリース。5月、映画『戦場のメリークリスマス』がカンヌ国際映画祭に出品され、映画祭会場でベルナルド・ベルトルッチ監督と出会う。同月、YMOのアルバム『浮気なぼくら』および映画サウンドトラック『メリー・クリスマス・ミスター・ローレンス』リリース。11月から12月にかけて、散開前最後の国内ツアー「1983　YMOジャパンツアー」開催。期間中の12月14日にアルバム『サーヴィス』をリリース、12月22日の日本武道館公演終了とともに散開。

1984年　2月、YMOのライブ・アルバム『アフター・サーヴィス』リリース。4月、散開記念の映画『プロパガンダ』公開。10月、ソロ・アルバム『音楽図鑑』リリース。この年、出版社「本本堂」を設立し、高橋悠治との共著『長電話』等を刊行。

1985年　9月、浅田彰、ラディカルTVとともに、つくば万博会場でパフォーマンス「TV WAR」を行う。10月、アルバム『エスペラント』リリース。11月、村上龍との共著『EV.

Café　超進化論』刊行。
1986年　1月、吉本隆明との共著『音楽機械論』刊行。4月、アルバム『未来派野郎』リリース。6月にかけて、コンサート・ツアー「メディア・バーン」開催。この年、映画『ラストエンペラー』の撮影のため中国へ。撮影を終えた数カ月後、映画音楽の依頼を受ける。東京・ロンドンにて2週間ほどで作曲およびレコーディング。
1987年　7月、アルバム『ネオ・ジオ』リリース。11月、映画『ラストエンペラー』公開。
1988年　1月、映画『ラストエンペラー』日本公開、サウンドトラックをリリース。4月、アカデミー賞授賞式に出席。『ラストエンペラー』は作曲賞を含む9部門で受賞。この年から翌年にかけて、同作品の音楽でロサンゼルス映画批評家協会賞音楽賞、ゴールデングローブ賞最優秀作曲賞、グラミー賞映画・テレビ音楽賞を受賞。8月、永年のパートナーであった生田朗死去。
1989年　10月、著書『SELDOM-ILLEGAL／時には、違法』刊行。11月、アルバム『ビューティ』リリース。
1990年　この年の春、ニューヨークに転居。日本・アメリカ・ヨーロッパで『ビューティ』のツアー開催。12月、映画『シェルタリング・スカイ』のサウンドトラックをリリース。
1991年　誕生日の1月17日に湾岸戦争がはじまる。同月、『シェルタリング・スカイ』で2度目のゴールデングローブ賞最優秀作曲賞を受賞。10月、アルバム『ハートビート』リリース。
1992年　7月、バルセロナ・オリンピック開会式でマスゲームの音楽を担当。同月、映画

『ハイヒール』のサウンドトラックをリリース。8月、村上龍との共著『友よ、また逢おう』刊行。

1993年　2月、YMOが「再生」を発表し、5月にアルバム『テクノドン』をリリース。6月に2日間の東京ドーム公演。8月、『テクノドン・ライブ』リリース。

1994年　4月、映画『リトル・ブッダ』のサウンドトラックをリリース。6月、アルバム『スウィート・リヴェンジ』リリース。

1995年　ダウンタウンによるユニット「ゲイシャ・ガールズ」の『ザ・ゲイシャ・ガールズ・ショウ／炎のおっさんアワー』をプロデュース、5月にリリース。10月、アルバム『スムーチー』リリース。

1996年　3月、村上龍との共著『モニカ』刊行。5月、ピアノトリオ編成のコンピレーション・アルバム『1996』リリース、ワールド・ツアーを行う。

1997年　1月、Sister M（坂本美雨）をフィーチャーしたシングル「The Other Side of Love」リリース。7月、アルバム『ディスコード』リリース。

1998年　8月に映画『スネーク・アイズ』のサウンドトラックを、11月にはアルバム『BTTB』をリリース。

1999年　三共株式会社のCM曲として使われた「エナジー・フロー」を収めたマキシシングル『ウラBTTB』を5月にリリース、ミリオンセラーとなる。9月、初のオペラ『LIFE』を大阪、東京で上演。

２０００年　２月、オペラ『ＬＩＦＥ』のベストテイクを収録したアルバム『オーディオ・ライフ』をリリース。この年の前半、「BTTB World Tour 2000」開催。
２００１年　１月、モレレンバウム夫妻とのユニット「Morelenbaum²/Sakamoto」名義でボサノヴァ・アルバム『ＣＡＳＡ』を制作、７月リリース。ＴＢＳ開局50周年記念「地雷ＺＥＲＯキャンペーン」のためにユニット「N. M. L.」を結成し、シングル「ゼロ・ランドマイン」を４月にリリース。９月、米同時多発テロ。12月、論集『非戦』刊行。
２００２年　３月、映画『アレクセイと泉』と『デリダ』のサウンドトラックを収めた『Minha Vida Como Um Filme "my life as a film"』リリース。４月、ＤＶＤブック『エレファンティズム』を、５月にはそのサウンドトラックを発売。８月、「Morelenbaum²/Sakamoto」の活動等が評価され、ブラジル国家勲章受章。細野晴臣と高橋幸宏のユニット「スケッチ・ショウ」が９月にリリースしたアルバム『audio sponge』に参加、ＹＭＯ「再結成」。同月、モレレンバウム夫妻とのヨーロッパ・ツアー中に、父・坂本一亀が死去。
２００３年　７月に「Morelenbaum²/Sakamoto」名義のアルバム『A DAY in new york』を、10月にはデヴィッド・シルヴィアンとの共作『WORLD CITIZEN』をリリース。
２００４年　２月、アルバム『キャズム』リリース。著作権法改定による輸入ＣＤ規制に反対する運動に参加、５月に共同声明を発表。６月、細野晴臣・高橋幸宏とともに「ＨＡＳ」（ヒューマン・オーディオ・スポンジ）名義での活動を始める。11月、コンピレーション・アルバム『/04』リリース。

２００５年　1月、音楽を手がけた映画『トニー滝谷』公開。5月、alva noto との共作『insen』リリース。9月、コンピレーション・アルバム『/05』リリース、12月に国内ツアー「PLAYING THE PIANO/05」を開催。
２００６年　2月、ＰＳＥ問題に関する署名活動を開始。5月、青森県六ヶ所村の核燃料再処理施設の危険性を訴える「ストップ・ロッカショ」プロジェクトを開始。6月、alva noto との共作『revep』リリース、10月にかけてワールド・ツアー「insen」を開催。11月、「音楽の共有地」創出を目指す新レーベル「commmons」を立ち上げる。
２００７年　2月、キリンラガービールＣＭにＹＭＯとして出演。3月、クリスチャン・フェネスとのコラボレーション・アルバム『cendre』リリース。高谷史郎とともにインスタレーション作品「LIFE - fluid, invisible, inaudible ...」を制作、3月から11月にかけて山口と東京で展示。7月、森林保全のための一般社団法人「モア・トゥリーズ」設立。同月、日比谷野音で行われたイベント「細野晴臣と地球の仲間たち」に参加。8月、HASYMO/Yellow Magic Orchestra 名義でマキシシングル『RESCUE/RYDEEN 79/07』をリリース。10月、日本の童謡・唱歌を集めた「にほんのうた」シリーズの第1集をリリース。
２００８年　6月、クリスチャン・フェネスとイタリアでツアーを開催。同月、ＹＭＯが28年ぶりのロンドン公演を行う。9月、音楽全集「コモンズ・スコラ」シリーズのリリース開始。同月、「ケープ・フェアウェル」プロジェクトに参加しグリーンランドへ。
２００９年　2月、『音楽は自由にする』刊行。3月、アルバム『アウト・オブ・ノイズ』をリリースし、全国ツアー「Ryuichi Sakamoto Playing The Piano 2009」を開催。

（敬称略）

本文写真　Basil Pao（231ページ）
　　　　　米田知子（283ページ）
資料提供　坂本敬子
編集協力　KAB Inc.

この作品は二〇〇九年二月新潮社より刊行された。

音楽《おんがく》は自由《じゆう》にする

新潮文庫 さ－37－2

令和五年五月一日発行
令和五年五月二十五日三刷

著者 坂《さか》本《もと》龍《りゅう》一《いち》

発行者 佐藤隆信

発行所 株式会社 新潮社

郵便番号 一六二－八七一一
東京都新宿区矢来町七一
電話 編集部(〇三)三二六六－五四四〇
読者係(〇三)三二六六－五一一一
https://www.shinchosha.co.jp

価格はカバーに表示してあります。

乱丁・落丁本は、ご面倒ですが小社読者係宛ご送付ください。送料小社負担にてお取替えいたします。

印刷・大日本印刷株式会社 製本・加藤製本株式会社

ISBN978-4-10-129122-2 C0173